OUT

Over flirten, succes, macht, lingerie & erotiek

HELEEN VAN ROYEN

STOUT

MARLIES DEKKERS

HvR, Amsterdam 2007

Good girls go to heaven…

BAD GIRLS GO EVERYWHERE ELSE

Mae West

Art direction binnenwerk Gerritjan Deunk
Omslagontwerp: Davy van der Elsken, DPS Design & Prepress Services
Vormgeving binnenwerk: Davy van der Elsken
Foto omslag: © Ron Tetteroo
Fotografie binnenwerk: © Ron Tetteroo

ISBN 978 90 499 5036 1
NUR 401

www.heleenvanroyen.nl
www.marliesdekkers.com
www.rontetteroo.com
www.carinverbruggen.com

HvR is een imprint van Foreign Media Books bv, onderdeel van Foreign Media Group

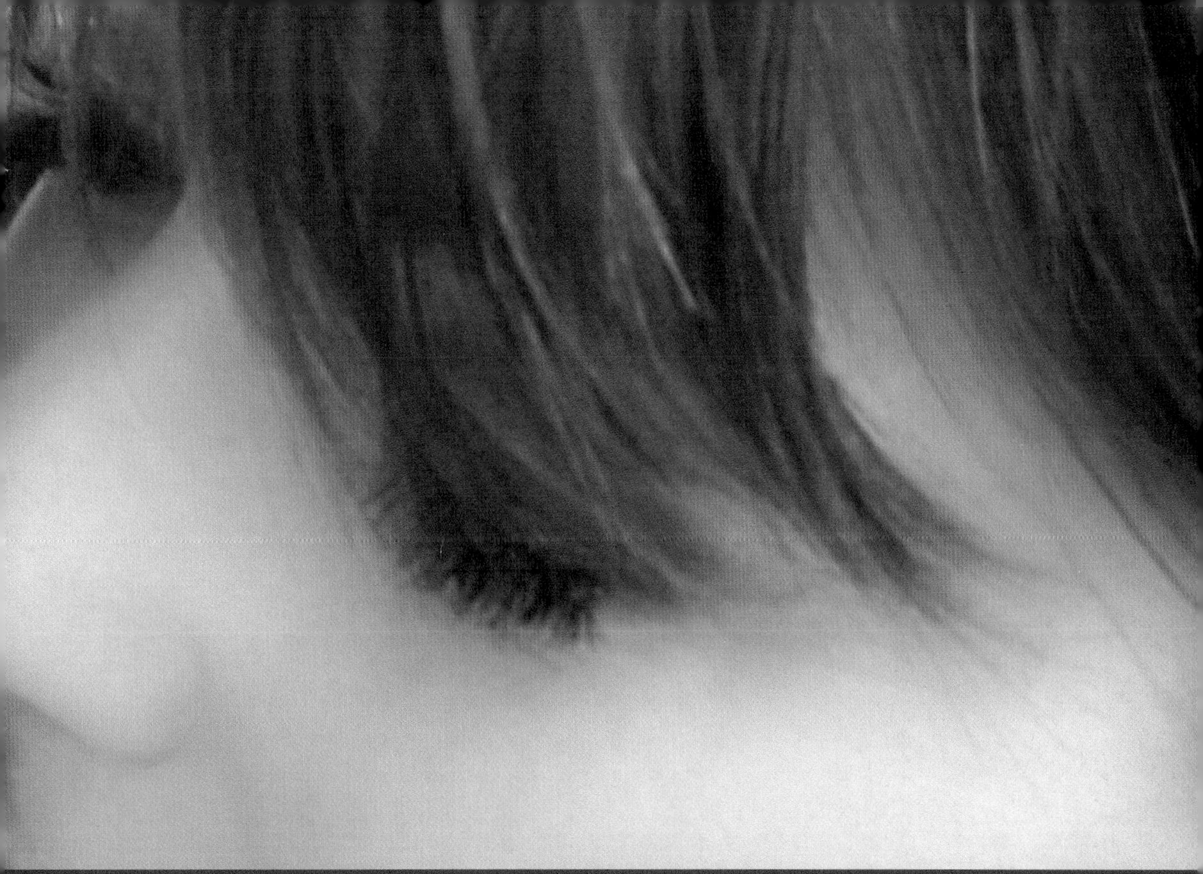

Alle portretfoto's en fantasiebeelden in *Stout* zijn van Ron Tetteroo, indien niet anders vermeld.
Styling: Xandra Brood
Clarissa Sonneveld, visagie, hair and make-up (Max Models) voor Tigi
Visagie, hair and make-up Sylvana Simons: Theo Hopman
Visagie, hair and make-up Daphne Bunskoek: Annemieke Minee
Visagie Marlies Dekkers: Dennis Michael

De fotografie in het hoofdstuk Praktisch stout (pagina's 144-171) is van © Carin Verbruggen en Ferry Drenthem Soesman (www.carinverbruggen.com), alsook de foto's op pagina 212, 216 en 217. De foto op pagina 209 en de collage op pagina 210 zijn gemaakt door Peter Wagenaar.
Het portret van Heleen van Royen op pagina 223 is gemaakt door Frans Jansen. Het portret van beide auteurs op pagina 6-7 is gemaakt door Heleen van Royen. De foto's en collages in de hoofdstukken 1965 was een goed jaar en Heleen is stout zijn samengesteld uit foto's uit privé-archieven. De cartoon op pagina 172 is gemaakt door Hein de Kort.

Speciale dank van Ron Tetteroo voor zijn vrouw/topmodel Silvy Tetteroo-Rutten die zichzelf letterlijk bloot gaf voor *Stout*.

Pag. 117 en 151: Carlos Drummond de Andrade, *De liefde, natuurlijk*, vertaald door August Willemsen, Uitgeverij de Arbeiderspers

INHOUDSOPGAVE

STOUT *op een rij*

VOOR- EN DANKWOORD

STOUT *is geen boek,* **STOUT** *is een levenswijze.* **STOUT** *ben je nooit alleen.* **STOUT** *maak je ook niet alleen. Aan de totstandkoming van* **STOUT** *hebben talloze bekende en onbekende vrouwen een steentje bijgedragen. De één een kiezel, de ander een baksteen, de derde een hunebed: ze hebben gezamenlijk een kasteel gevormd met vele kamers, geheime gangen, grillige hoekjes, duistere kelders en één grote toegangspoort, waar je nu staat en waaraan niemand wordt geweigerd.*

STOUT *is met bloed, zweet en tranen van het lachen gecreëerd door Marlies Dekkers en Heleen van Royen. Als wij ons hadden kunnen voortplanten, had onze dochter* **STOUT** *geheten. Marlies zou haar mooi aankleden, ik zou haar leren praten. Dit is een omslachtige manier om uit te leggen dat alles wat je ziet en leest in* **STOUT** *uit onze koker komt, waarbij Marlies extra aandacht heeft besteed aan de uiterlijke verfraaiingen en ik aan de tekst. Ik = Heleen. Als ergens 'wij' staat, betekent dat Marlies en ik, soms betekent het 'wij vrouwen'.*
STOUT *was bijna onbevlekt ontvangen geweest, ware het niet dat de onvolprezen, onvermoeibare en immer enthousiaste fotograaf Ron Tetteroo zijn mannelijke stempel op dit boek heeft gedrukt met beelden die ongetwijfeld nog lang in ons collectieve geheugen zullen branden.*

De elf bekende Nederlandse vrouwen die het fundament van **STOUT** *hebben gelegd, zijn* **WILLEKE ALBERTI, CLAUDIA DE BREIJ, DAPHNE BUNSKOEK, YOLANTHE CABAU VAN KASBERGEN, CATHERINE KEYL, LEONTIEN VAN MOORSEL, FATIMA MOREIRA DE MELO, CHAZIA MOURALI, SYLVANA SIMONS, RENATE VERBAAN EN ANITA WITZIER.** *Zonder hen was dit boek er niet gekomen. Marlies Dekkers en ik zijn dankbaar en ongelooflijk blij dat ze alle elf volmondig 'ja' hebben gezegd, dat ze ons hun vertrouwen hebben geschonken en bereid waren zichzelf bloot te geven. We hebben veel van ze gevraagd, ze hebben veel gegeven. Hoewel het hun soms van alle kanten werd afgeraden, hebben ze hun nek uitgestoken, dat siert hen en maakt hen extra stout.*

Naast bovengenoemde vrouwen zijn we erkentelijk voor de inzet van vijf deskundigen die hun licht hebben laten schijnen op de materie stout. Seksuologe **CAROLIEN ROODVOETS,** *flirtdeskundige* **TIJN VAN EWIJK,** *andragologe* **PATTY KRUISWIJK** *en plastisch chirurg* **MARTIN JANSSEN** *offerden geheel vrijwillig een vrije zaterdag op en droegen input aan. Dank daarvoor.*

TEN SLOTTE JIJZELF. IK SPREEK JE RECHTSTREEKS AAN, OMDAT IK ZEKER WEET DAT JE DIT LEEST. *Jij stoute vrouw, jij lezeres, jij moeder, jij minnares, jij huisvrouw, jij carrièrevrouw, waar je ook bent, ik weet dat het kookt en kolkt in jouw brein. Na onze oproep daartoe heb je inzicht gegeven in je stoutste fantasieën en avonturen. Je hebt ze op papier gezet en aan ons toevertrouwd. We hebben ze met rode oren gelezen, we hebben ervan genoten en het liefst hadden we al jouw avonturen onverkort gepubliceerd, maar dan was dit boek uit zijn kaft gebarsten. Er is een selectie gemaakt, waarmee* **STOUT** *is opgeluisterd. Namens Marlies en mij bedankt voor dit inkijkje in je ziel. In* **STOUT** *kom je jezelf tegen.*

‘JIJ STOUTE VROUW,
jij lezeres, jij moeder,
jij minnares, jij huisvrouw,
jij carrièrevrouw, waar je ook bent,
IK WEET DAT HET KOOKT EN KOLKT IN JOUW BREIN.’

RON TETTEROO:

'BIJ IEDERE VROUW DIE IK NU ZIE LOPEN, DENK IK: "HOE STOUT BEN JIJ?"'

'Van alle producties die ik in mijn leven als fotograaf heb gemaakt, was dit verreweg de meest intense. Ik zat in Spanje midden in een kinderkledingshoot toen ik een boodschap kreeg van Marlies: ik heb iets wat jij moet gaan doen. Het heet Stout *en er komen fantasieën en avonturen van vrouwen in voor. Het was alsof het zo moest zijn, alle puzzelstukjes vielen op hun plek. In mijn vrije tijd was ik al een jaar bezig met het fotograferen van vrouwenfantasieën, met de bedoeling daarvan ooit een boek te maken.*
Na het bericht van Marlies belde ik gelijk Silvy, mijn vrouw: 'Volgens mij is er nu iets op mijn pad gekomen wat ik moet doen.' We zijn erin gedoken, Sil en ik, en we hebben een geweldige tijd gehad. Onze studio, ons huis, onze gesprekken, alles ademde Stout. *Ik dacht nergens anders aan, ik droomde er zelfs over. Ik kon niet meer normaal over straat lopen en nog steeds niet. Bij iedere vrouw die ik zag, dacht ik: "Hoe stout ben jij?" Om de avonturen en fantasieën in beeld te brengen had ik modellen nodig die ver zouden durven te gaan. Voortdurend was ik op zoek naar geschikte vrouwen en mannen. Had ik beet, dan was het een kwestie van aftasten, wederzijds vertrouwen opbouwen en geleidelijk aan ontdekken waartoe iemand bereid is. Wat mij fascineerde was de vraag: hoe ver kun je gaan met het uitbeelden van fantasieën van vrouwen, hoe houd je het mooi, maar toch prikkelend? Ik ben nieuwsgierig naar vrouwen, naar hun beleving van seks, naar wat er in hun hoofd zit. Dat wil ik eruit halen en laten zien.* Stout *is het boek dat ik allang in me droeg. Het ongelooflijke is dat dit natuurlijk ook geldt voor Marlies en Heleen. We liepen alle drie rond met dit boek, we zijn elkaar tegengekomen en we hebben het gemaakt.'*

DE ONTMOETING

Ik ben een krent. Een krent met een kleine A-cup.

DE EERSTE KEER DAT IK EEN MARLIES DEKKERS-SETJE KOCHT STAAT ME NOG HELDER VOOR DE GEEST. HET WAS VLAK VOOR VALENTIJNSDAG 2003. IK BEVOND ME IN LINGERIESPECIAALZAAK BAROQUE IN HET CENTRUM VAN ALMERE HAVEN.

Daar zag ik hem hangen: een vuurrode beha met een spinnenweb aan bandjes, de cups bezaaid met strassteentjes. Het was precies wat ik zocht. Spannend maar niet hoerig. Stijlvol maar toch hip. Opvallend maar niet extreem.

'Mag ik die passen?' vroeg ik zonder eerst het prijskaartje te checken. De verkoopster sprong achter de toonbank vandaan. Ze had een kort, hip kapsel. Ik was de enige klant in lingeriespeciaalzaak Baroque. Ze had al mijn bewegingen nauwlettend in de gaten gehouden, ik was er een beetje zenuwachtig van geworden.

Wat mijn maat was, vroeg ze.

'80a,' zei ik met een kuch. Het kost me nog altijd moeite om die a uit te spreken. **OOIT WAS HET EEN B, MAAR ER ZIJN TWEE KINDEREN OVERHEEN GEGAAN**.

Ze gaf me de beha in mijn maat. Ik vertrok naar de kleedkamer.

'Weet je hoe het moet?' riep de verkoopster me na. 'Het is bij Marlies altijd even puzzelen. Je moet je armen naar voren strekken, tussen de bandjes door en hem dan als het ware over je hoofd doen. Als je er niet uitkomt, geef je maar een gil.'

Snel schoof ik het gordijntje zo hermetisch mogelijk achter me dicht. Ik had heus geen hulp nodig bij het aantrekken van een beha. Dat deed me denken aan heel vroeger, toen de potige verkoopster van Hunkemöller zonder iets te vragen het pashok binnendrong om in de nieuw ruikende vleeskleurige cups te prikken en aan de bandjes te sjorren. En aan de textielwinkel van ome Ko, waar mijn moeder borduurgaren kocht. Als mijn moeder de klosjes in haar tas stopte, zei Ko steevast: 'En nog slipjes voor de meisjes?' wijzend op een mandje met afgeprijsd ondergoed op de toonbank. De woorden 'slipjes' en 'meisjes' sprak hij uit met een langgerekte s. Mijn zus en ik gruwelden ervan. Wij wilden geen slipjes van ome Ko, wij droegen onderbroeken van de HEMA. Nee, ik zou er zelf wel uitkomen met het feestelijke Valentijnsgeval van Marlies. Hoe moeilijk kon het zijn?

EVEN LATER STOND HET ZWEET OP MIJN RUG. MOESTEN DIE BANDJES NOU KRUISLINGS OF RECHT? Moesten ze aan de voorkant of aan de achterkant, over mijn schouders, onder mijn oksel door of moest ik in de beha stappen en hem ophijsen? Wat ik ook deed, het zag er vreemd uit. Met een diepe zucht trok ik alles los en begon ik van voren af aan.

'Gaat het?' De stem van de verkoopster klonk angstig dichtbij. Snel checkte ik het gordijn. Het zat nog dicht.

Bij de derde poging lukte het. Alle bandjes zaten op de goede plek. Het subtiele lijnenspel benam me bijna de adem. Triomfantelijk stapte ik het pashok uit, stralend keek ik de verkoopster aan. Ze keek niet terug, maar tuurde zorgelijk naar mijn boezem. Ik volgde haar blik en zag het. Tussen de tamelijk harde, voorgevormde cups van Marlies en het begin van mijn zachte, enigszins lege borsten bevond zich een sleuf, een leemte, een leegte, een goot van anderhalve centimeter.

'Te groot,' constateerde ik sip. Bij elk ander kledingstuk had ik dit geweldig gevonden. Als ik spijkerbroeken pas, begin ik altijd bij maat 46. Geeft een hoop zelfvertrouwen.

'Heb je al gebukt?' vroeg de verkoopster.

'Sorry?'

'Luister, ik ken het probleem.' Ze wees op haar eigen voorgeveltje. Inderdaad, hier stond een lotgenoot. 'Marlies heeft geen AA, je moet gewoon voorover bukken, zodat ze er als het ware in vallen. Dat wil nog wel eens helpen. Buk eens...'

Het was dat ze zelf ook een A-cup had, anders had ik het niet gedaan.

EN ZO STOND IK MIDDEN IN LINGERIESPECIAALZAAK BAROQUE TE ALMERE HAVEN TE BUKKEN IN DE HOOP TWEE HALFLEGE CUPS AF TE VULLEN MET DE RESTANTEN VAN WAT OOIT MIJN B-CUP WAS.

'Dat kan dieper,' zei de verkoopster. 'Je moet echt even goed bukken, je schouders naar voren krommen en dan schudden...'

Dit is niet vernederend, dit is gewoon even nodig, hield ik mezelf voor.

'Zóó, dat staat een stuk beter,' zei de verkoopster stralend toen ik met een rood hoofd overeind kwam. Er was inderdaad sprake van een vleesverplaatsing en ik vroeg me af of ik nu elk kwartier moest bukken en schudden om wegzakken te voorkomen, maar ik kreeg geen tijd om daar lang over te piekeren.

'Nu de slip,' zei de verkoopster kordaat. 'Er zitten hele mooie strings bij, je weet niet wat je ziet.'

Marlies was duidelijk helemaal los gegaan op de Valentijnsonderbroeken. De verkoopster toonde me een string die bestond uit een minuscuul rood ruitje stof, met daaraan vast een keur aan bandjes, die aan de achterkant samenkwamen in een T-stukje van strasstenen.

'Zie je het voor je? Dat die steentjes net boven je billen uitpiepen?'

'Geweldig,' beaamde ik. **NATUURLIJK MOESTEN ER STRASSTENEN BOVEN MIJN BILLEN UITPIEPEN. HOE HAD IK TOT OP DAT MOMENT MET BILLEN ZONDER UITPIEPENDE STRASSTENEN KUNNEN LEVEN?** Wat een kleurloos bestaan had ik gehad. Was het het T-stukje dat de waas voor mijn ogen bracht? Was het het enthousiasme van de verkoopster die me had leren schudden? Ik weet het niet, maar vanaf dat moment was er geen weg

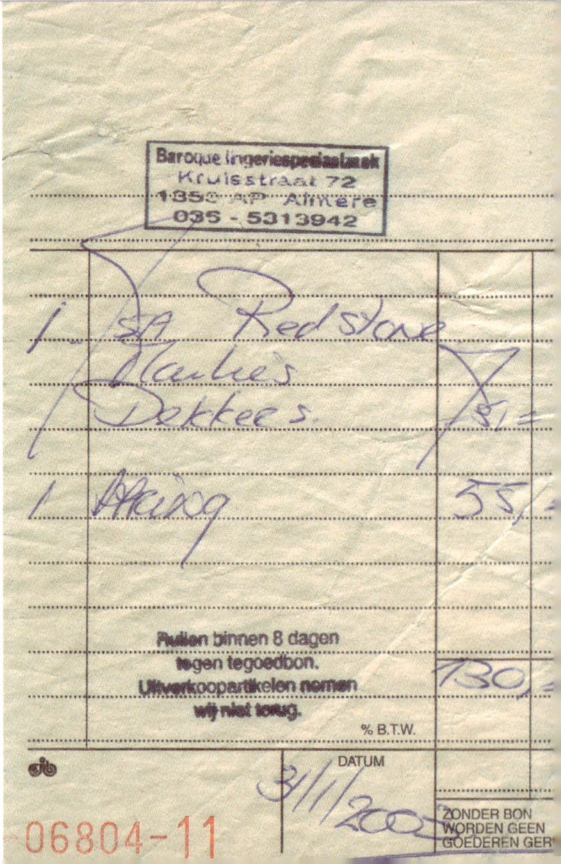

meer terug. Ik moest en zou dit setje hebben. Soms heb je dat met aankopen. Ergens in je achterhoofd besef je dat je er misschien ooit spijt van gaat krijgen, maar dat neem je voor lief. Je wilt afrekenen, je wilt het in je tas stoppen. Je wilt dat het van jóu is, daarna zie je wel weer verder.

'Ik neem het,' zei ik dapper. 'De hele set.'

De verkoopster ging me voor naar de kassa.

De string was rond de vijftig euro en de beha in de zeventig.

Mijn hand met pinpas verstijfde in de lucht. Honderddertig euro voor een setje. Dat is veel geld voor een krent. Ik kon het maar beter niet in guldens omrekenen. Daar moest ik sowieso mee ophouden. Voor één euro koop je net zo weinig als voor één gulden, klaar.

Tevreden ging ik naar huis met mijn allereerste Marlies Dekkers-setje in een plastic tasje. Hier zou ik vast hoge ogen mee gooien.

Het toeval wilde dat ik de volgende dag op de foto moest voor een damesmaandblad.

Trots trok ik mijn rode setje aan. Een styliste zou me aankleden voor de shoot. Als ik in mijn ondergoed voor haar stond, zag ze meteen dat ik niet van de straat was.

De shoot vond plaats op een winderig plein in Amsterdam. In een aanpalend café hielp de styliste me in een rok stappen. De stroken van de blouse die ze voor me had uitgezocht moesten op mijn rug worden gestrikt. Terwijl ze daarmee bezig was, voelde ik iets raars. Alsof er iets knapte boven mijn billen. En daarna voelde het alsof er iets van me afgleed. Dat iets lag nu op de grond, onder mijn rok. Een blos kroop over mijn wangen.

IK GELOOF *dat mijn* STRING *is geknapt*

'Ik geloof dat mijn string is geknapt,' fluisterde ik tegen de styliste. Ze fronste haar wenkbrauwen.

Voorzichtig tilde ik mijn rok op. En inderdaad: daar lag de Valentijnsstring. Helemaal plat, tussen mijn naaldhakken. Het T-stukje had de spanning niet gehouden.

De styliste tilde mijn string aan een van de bandjes omhoog.

'Die stukjes horen aan elkaar,' wees ik. 'Dat moet een T zijn. Een T van strassteentjes.'

'Juist,' zei de styliste. 'Heb je een andere onderbroek bij je?'

Nee, dat had ik niet.

WE BESEFTEN ALLEBEI DAT IK IN MIJN BLOTE GAT STOND.

'Ik zal kijken wat ik kan doen,' mompelde ze. Ze pakte een etuitje en haalde een veiligheidsspeld tevoorschijn – zo'n grote, ouderwetse, waarmee je babyluiers vastzet – en ze reeg de verschillende bandjes samen. Het leek nu op de onderbroek van Johnny Rotten en de veiligheidsspeld drukte onprettig tegen mijn stuitje, maar hij kon tenminste weer aan. De fotoshoot kon doorgaan.

De volgende dag ging ik terug naar Baroque. De vrouw met het platte voorgeveltje stond niet achter de toonbank. Er stond een andere vrouw, die ik inschatte op een cup C, misschien zelfs een kleine D.

Ik legde mijn string op de toonbank. 'Hij is gisteren geknapt,' zei ik. 'Ik heb hem eergisteren gekocht en pas één keer aan gehad. Het T-stukje hield het niet. Ziet u?'

Ze wierp er een geringschattende blik op. 'Heb je hem soms in de wasmachine gewassen?'

'Nee!' zei ik verschrikt. 'Ik heb hem nog nooit gewassen. Nou ja, ik heb hem even door een sopje gehaald. Vanmorgen. Maar daarvoor was hij al kapot.'

'Hm,' zei de vrouw. Het klonk ongelovig. 'Ik zal hem innemen en terugsturen. Hopelijk kan hij worden gemaakt.' Mijn telefoonnummer werd genoteerd. Een paar weken later werd ik gebeld: mijn string was gerepareerd.

Om een lang verhaal kort te maken: toen ik voor het eerst met mijn gerepareerde string naar de wc ging, knapte hij weer.

Op dat moment knapte er ook iets in mij. 'Ik hoef geen string meer met een T-stukje van strassteentjes boven mijn billen,' zei ik tegen Baroque. 'Mag ik hem ruilen tegen een andere rode string van Marlies?' Dat mocht.

Vanaf die dag leefde ik onbekommerd verder met mijn allereerste Marlies Dekkers-setje in mijn ondergoedla. Vooralsnog was de krent in mij niet van plan een tweede aan te schaffen. Het verhaal van de knappende string deed het goed op feesten en partijen, zo goed, dat het Marlies Dekkers ter ore kwam.

Marlies was niet blij. Marlies wilde zich revancheren. Ze huurde een detective in, achterhaalde mijn e-mailadres en mailde me hoogstpersoonlijk om te vragen naar mijn maten en mijn adres.

Niet veel later stopte er een vrachtwagen voor ons huis in Almere Haven. Uit die vrachtwagen kwam een enorme doos, die voor onze deur werd neergezet. In de doos bevond zich een keur aan setjes, twee bikini's en een badpak. Het moet gezegd: als La Dekkers zich revancheert, levert ze geen half werk af.

Ik heb al die setjes verschillende keren aangehad, de badkleding ook en ik zeg het met mijn hand op mijn hart: er is niks geknapt. Sterker nog, ik was er zo mee in mijn sas dat ik mezelf digitaal vastlegde terwijl ik de setjes aan het passen was. Die kiekjes stuurde ik naar Marlies, bij wijze van bedankje. Een vrouw die zulke setjes ontwerpt, zal wel vreemdere dingen in haar postvak krijgen, nam ik gemakshalve aan.

En inderdaad: Marlies vond het buitengewoon genoeglijk om mij in string in haar mailbox aan te treffen. Ze stuurde op gezette tijden een doos met nieuwe setjes, in de hoop op vers fotomateriaal.

Natuurlijk moest het een keer tot een ontmoeting in levenden lijve komen. Gek genoeg kan ik me niet meer herinneren waar of wanneer dat precies was. We gingen ergens zitten, we bestelden iets te eten, maar we raakten dat nauwelijks aan, zo opgewonden waren we om elkaar te zien. We begonnen te praten en hielden niet meer op.

We ontdekten dat stout zijn als een rode draad door ons beider leven loopt. Dat we allebei een groot zwak voor sterke vrouwen hebben. Dat we mannen enorm kunnen bewonderen om hun rechttoe rechtaan manier van zijn. Dat we samen ontzettend kunnen lachen.

We vermoedden dat we, als we onze krachten zouden bundelen, een prachtig boek zouden kunnen maken. Een boek over vrouwen van nu, hun moeders en hun dochters.

Dat boek hebben we gemaakt. Je hebt het nu in je hand, je gaat het hopelijk van kaft tot kaft tot je nemen. Veel plezier ermee en onthoud bij elke bladzijde: het begon allemaal met een rode Valentijnsstring. Dat is dan gelijk in een notendop de filosofie van Marlies en mij: **DE MEESTE GOEDE DINGEN IN HET LEVEN BEGINNEN MET EEN RODE STRING.** Een rode jarretel mag ook.

DE BOODSCHAP*

Marlies en ik houden van vrouwen.

WE ZIJN OOK DOL OP MANNEN, LAAT DAT DUIDELIJK ZIJN, MAAR OP EEN OF ANDERE MANIER LIJKEN DIE TOCH WAT MINDER DIMENSIES TE HEBBEN. AAN MANNEN ZOUDEN WIJ GEEN HEEL BOEK WILLEN BESTEDEN. DAT IS OOK NIET NODIG, DAT DOEN ZE ZELF WEL.

Marlies heeft alle grote filosofen gelezen (zij is de lezer van ons tweeën, ik ben de schrijver) en kwam daar verdomd weinig tegen over vrouwen. En als ze er al iets over tegenkwam, was het doorgaans niet al te opwekkend. Schopenhauer beweerde met droge ogen dat vrouwen inferieur, fysiek slap en mentaal zwak zijn. Volgens Kant zouden vrouwen altijd onvolwassen blijven en konden ze niet abstract denken. Hegel vond dat vrouwen alleen een rol mochten hebben binnen het gezin, verder moesten ze zich overal buiten houden.

Bij de gemiddelde radicale moslim gaan dit soort teksten er ongetwijfeld in als Gods woord in een ouderling, maar Marlies en ik beschouwen ze als de fluks overboord te werpen bijvangst van verwarde geesten. Wij voelen ons niet minder dan mannen. We zijn sterk en volwassen en we ambiëren een carrière die ver buiten de grenzen van het abstracte denken ligt. We hebben gelijke rechten en die willen we ten volle benutten. Daarbij beseffen we terdege dat we ons in een bevoorrechte positie bevinden. Het gedachtegoed van Schopenhauer en consorten mag ons heden ten dage kolderiek voorkomen, maar het heeft sinds mensenheugenis opgeld gedaan. Het is relatief gezien nog maar kort geleden dat vrouwen gelijke rechten hebben gekregen, dat ze mogen studeren, mogen stemmen, verkiesbaar zijn – nog steeds niet in alle partijen – en economisch zelfstandig kunnen opereren.

De belangrijkste reden dat dit boek het licht heeft gezien, is nieuwsgierigheid. Marlies en ik wilden nu eindelijk weleens weten of wij de enige stoute vrouwen van Nederland zijn. We wilden weten hoe andere vrouwen over de onderwerpen denken die ons na aan het hart liggen, namelijk macht, succes en seksualiteit. Wij vrouwen kunnen tegenwoordig weliswaar carrière maken, onze eigen broek ophouden en desgewenst laten zakken, onze talenten ten volle benutten, maar doen we dat ook? Als we het doen, hoe combineren we dat dan met onze partner/kinderen/zieke (schoon)moeders? Maakt het ons gelukkiger of juist meer gestrest dan ooit? Wat zijn we bereid op te offeren voor onze carrière? Zijn geslaagde zakenmannen een lichtend voorbeeld of juist een schrikbeeld? Wat verwachten we van onze eigen mannen? Dat ze meer zorgtaken op zich nemen of dat ze óns wat vaker nemen?
En dan is daar de fysieke kant van het vrouw-zijn. Marlies en ik zijn allebei van 1965 (zie pag 204, 1965 was een goed jaar) en je kunt op de vingers van meer dan acht handen natellen dat onze beste tijd een stuk of vijftien vingers geleden is. Leggen we ons daarbij neer of proberen we de tand des tijds uit alle macht te bestrijden? Worden we natuurlijk oud zoals... ja, zoals wie eigenlijk? Bestaan er nog rolmodellen die geen enkele poging doen hun grijze haren en rimpels te verdoezelen? Willeke Alberti en Catherine Keyl, twee van de elf stoute vrouwen uit dit boek, hebben naar eigen zeggen nog niks laten wegsnijden, bijvullen of strak trekken en zijn dat ook niet van plan. Oké, ze verven hun haar, maar dat is algemeen geaccepteerd. Aan de

andere kant van het spectrum heb je het fenomeen Helwegen dat zich alle opties van het dokter Schoemacher totaalpakket heeft laten aanmeten. Het resultaat is waarschijnlijk niet helemaal wat de doorsnee Hollandse deerne voor ogen heeft als ze denkt aan een ingreep.

Benoîte Groult (86), schrijfster van de bestseller *Zout op mijn huid*, roemde onlangs in *De Telegraaf* de zegeningen van de plastische chirurgie: 'Daar ben ik helemaal voor, ik betaal het voor mijn dochters als ze dat willen. Als je ouder wordt, heb je juist behoefte aan een vriendelijk spiegelbeeld, aan romantiek in je leven. Dan helpt het niet als je eruitziet als een afgeleefd lijk.' Groult straalt en oogt vitaal op de foto bij het artikel, dat ze bejaard is, is evenwel overduidelijk.

In alle eerlijkheid: Marlies en ik worstelen bijna dagelijks met bovenstaande vragen over succes, ambitie, moederschap, seks en ouder worden. Niets van wat we doen is vanzelfsprekend of makkelijk, al zouden we liever dood neervallen dan dat in het openbaar laten blijken. Wij zijn namelijk succesvol en regel één voor het hebben van succes is dat je dat glimmende goud te allen tijde draagt en uitstraalt.

Madonna zul je nimmer depressief, met vette haren en een verwassen T-shirt over straat zien zwalken. Die snelt hooguit voorbij omringd door haar bodyguards, personal assistants, personal trainers, kroost, adoptiekroost en bijbehorende nanny's, allen gekleed volgens de laatste mode met bijpassend kabbala-armbandje.

Om op de hamvraag terug te komen: nee, Marlies en ik hebben geen boodschap. We hebben ook geen missie. Boodschappen hebben een te grote huishoudelijke bijklank en missies willen nog al eens veranderen in bloederige kruistochten (***no pun intended***) waarop niemand zit te wachten. Geheel indachtig onze zakelijke natuur geven we dit boek een missionstatement mee, een intentieverklaring, die onze bedoelingen met dit boek verwoordt.

MISSION *statement*

STOUT *daagt vrouwen uit om na te denken over hun mate van bevrijd zijn*

STOUT *geeft het begrip stoute vrouw een nieuwe definitie*

STOUT *verleidt vrouwen hun seksuele fantasieën en avonturen te delen*

STOUT *stelt vrouwen op de proef door hen te onderwerpen aan de* STOUT*-test*

STOUT *onthult hoe stout elf bekende en succesvolle Nederlandse vrouwen zijn*

STOUT *biedt inzicht in het hedendaagse aanbod van lingerie*

Niets van wat we doen IS VANZELFSPREKEND OF MAKKELIJK, AL ZOUDEN WE LIEVER DOOD NEERVALLEN *dan dat in het openbaar* LATEN BLIJKEN

* 'Heb je een boodschap met je werk?' staat hoog in de top 10 van meest gestelde vragen door journalisten aan mij. De onbetwiste nummer 1 is 'In hoeverre is je werk autobiografisch?', een vraag waarvan Marlies – zo mag ik hopen – doorgaans verschoond blijft, hoewel het me niets zou verbazen als ook zij al duizend keer heeft moeten uitleggen dat je haar complete katholieke jeugd kunt terugvinden in de sluiting van haar beha's.

WAT IS STOUT?

BIJ HET WOORD STOUT DENK IK AL SNEL AAN SEKS. AAN LEUKE, ONDEUGENDE, STIEKEME SEKS. IN MIJN BELEVING IS STOUTE SEKS DE LEKKERSTE SEKS. *Maar goed, dat is mijn perceptie of, zo je wilt, mijn afwijking. Volgens de dikke Van Dale betekent stout 'ongehoorzaam' en 'stoutmoedig'. Stoutmoedig is 'zonder angst voor gevaar'.* Karel de Stoute was geen ondeugend jongetje, maar een stoutmoedig man, die middels talloze ondoordachte acties het Bourgondische rijk probeerde uit te breiden, daarbij vele soldaten de dood injoeg en ten slotte zelf het leven liet bij de slag om Nancy in 1477. Hij werd 43 jaar, zijn stoutmoedigheid kwam hem duur te staan.

De dikke Van Dale rept niet over de dubbelzinnige, seksuele betekenis van het woord stout. Dat is opvallend, ik zou bijna zeggen een ernstige omissie, want ik ben niet de enige die stout daarmee associeert. Stout is een bekende winkel in erotische artikelen en lingerie voor vrouwen. De Huishoudbeurs heeft stout gekozen als thema voor het jaar 2007. Beursmanager Marjo Wolters denkt dat vrouwen tegenwoordig stouter zijn dan vroeger, en zelfs vaker dan mannen denken. 'Maatschappelijke tendenzen, zoals de anonimiteit van internet, verleiden vrouwen tot stouter gedrag.'

Marlies en ik beschouwen onszelf als stoute vrouwen in de meest brede zin van het woord. We zijn ondeugend, vrijpostig en we kennen weinig angst voor gevaar. Dankzij onze stoutmoedigheid zijn we gekomen waar we nu zijn. Waren we zoet, volgzaam en bedeesd geweest, dan had de wereld Marlies' lingerie en mijn boeken moeten missen, en menig winkel een hoop omzet.

Om het begrip stout nader te duiden, hebben we een aantal eigenschappen op een rij gezet waarover een stoute vrouw moet beschikken. Hoe meer van die eigenschappen ze in huis heeft, des te stouter ze is. We ontwikkelden de schaal van Stout, die oploopt van één tot twaalf.

Goede internationale voorbeelden van een twaalf op de schaal van Stout zijn Madonna, Oprah Winfrey of Margaret Thatcher. Nationaal kun je denken aan Rita Verdonk, Nina Brink, Neelie Kroes of koningin Beatrix. Hoewel bedoeld voor vrouwen is de schaal is ook toepasbaar op mannen. John de Mol is een typisch geval van twaalf tot op het bot. Edwin van der Sar schop-

SCHAAL VAN STOUT

1. LEVENSLUSTIG
2. LEVENSLUSTIG EN NIEUWSGIERIG
3. LEVENSLUSTIG, NIEUWSGIERIG EN CREATIEF
4. LEVENSLUSTIG, NIEUWSGIERIG, CREATIEF EN AMBITIEUS
5. LEVENSLUSTIG, NIEUWSGIERIG, CREATIEF, AMBITIEUS EN ONDERNEMEND
6. LEVENSLUSTIG, NIEUWSGIERIG, CREATIEF, AMBITIEUS, ONDERNEMEND EN SUCCESVOL
7. LEVENSLUSTIG, NIEUWSGIERIG, CREATIEF, AMBITIEUS, ONDERNEMEND, SUCCESVOL EN GRENSVERLEGGEND
8. LEVENSLUSTIG, NIEUWSGIERIG, CREATIEF, AMBITIEUS, ONDERNEMEND, SUCCESVOL, GRENSVERLEGGEND EN RISICONEMEND
9. LEVENSLUSTIG, NIEUWSGIERIG, CREATIEF, AMBITIEUS, ONDERNEMEND, SUCCESVOL, GRENSVERLEGGEND, RISICONEMEND EN VEERKRACHTIG
10. LEVENSLUSTIG, NIEUWSGIERIG, CREATIEF, AMBITIEUS, ONDERNEMEND, SUCCESVOL, GRENSVERLEGGEND, RISICONEMEND, VEERKRACHTIG EN DOMINANT
11. LEVENSLUSTIG, NIEUWSGIERIG, CREATIEF, AMBITIEUS, ONDERNEMEND, SUCCESVOL, GRENSVERLEGGEND, RISICONEMEND, VEERKRACHTIG, DOMINANT EN MANIPULATIEF
12. LEVENSLUSTIG, NIEUWSGIERIG, CREATIEF, AMBITIEUS, ONDERNEMEND, SUCCESVOL, GRENSVERLEGGEND, RISICONEMEND, VEERKRACHTIG, DOMINANT, MANIPULATIEF EN ONGENAAKBAAR

te het in één klap tot twaalf door in de kwartfinale van het EK in Portugal tijdens de strafschoppenserie de penalty van de Zweed Mellberg te stoppen. Ruud Lubbers was een politieke twaalf, totdat zijn oneervolle aftocht bij de VN wegens vermeende seksuele intimidaties hem terugbracht naar tien.
De elf bekende Nederlandse vrouwen die hun medewerking aan dit boek hebben verleend, scoren stuk voor stuk hoog op de schaal van Stout. Een van hen durft zichzelf volmondig een twaalf te noemen, de anderen zetten lager in, maar komen na enig heen en weer gepraat vaak dichter bij de twaalf uit dan ze aanvankelijk dachten.
Het probleem van het hoger inschalen is de harde bijklank van de woorden uit de bovenste regionen. Dominant, manipulatief en ongenaakbaar zijn eigenschappen die we onszelf niet graag toedichten. Opvallend is dat dit ook geldt voor ambitieus. Met name de wat oudere vrouwen hebben moeite met dit woord.

Willeke Alberti probeert ons een kwartier lang ervan te overtuigen dat alles haar is komen aanwaaien en dat ze echt, absoluut, in de verste verte niet ambitieus is. Pas nadat wij tegenwerpen dat haar jubileumshow Goud toch best een ambitieus project is en dat haar indrukwekkende cv onmogelijk zonder enige ambitie tot stand kan zijn gekomen, durft ze zichzelf de gevreesde eigenschap toe te dichten, met de volgende kanttekening: 'Bij ambitieus denk ik aan iemand die over lijken gaat. En dat ga ik niet, laat dat duidelijk zijn.'
Catherine Keyl herkent Willeke's worsteling. 'Als je me tien jaar geleden ambitieus had genoemd, dan was ik woest geworden. Ambitie was een vies woord, iets voor mannen, niet voor vrouwen. Onzin natuurlijk, maar ik wilde niet zo worden gezien. Nu heb ik er geen enkele moeite mee.'
Voor een sportvrouw is het niet vervelend om dominant, manipulatief en ongenaakbaar te zijn. Als je wilt winnen, is het een must om die kwaliteiten in huis te hebben. Leontien van Moorsel wordt door ons als een twaalf gekwalificeerd, zelf houdt ze het op elf: 'In mijn sport heb ik ongenaakbare momenten gehad,' beaamt ze. 'Maar ik vóelde me niet zo. Het ging nooit vanzelf, ik heb altijd geweten dat ik heel hard mijn best moest doen. Ik begon niet aan een race met het gevoel van: hier is King Kong, ik ben de beste, jullie zullen het wel merken. Ik moest het elke keer weer bewijzen. Op

de dag dat ik het werelduurrecord haalde, was ik ongenaakbaar, maar van nature ben ik dat niet. Het is mijn vechtersmentaliteit die het doet. De laatste jaren van mijn carrière was ik erg bang om te falen. Dat werd steeds erger, het was eigenlijk niet leuk meer. De druk die ik mezelf oplegde was enorm. Ik kon er bijna niet van slapen, ik at slecht. Als ik verloor, wilde ik het liefst van de Van Brienenoord springen. Als in de kranten stond dat ik slecht had gereden, ging ik door de grond. Het heeft mij bijna mijn kop gekost.'

Fatima Moreira de Melo noemt zichzelf behoorlijk dominant, zeker op het hockeyveld. 'Als ik dat niet ben, kom ik nergens. Ik ben extravert en intuïtief, ik wil kunnen inspelen op de verrassingen van het moment, als je niet domineert, krijg je nooit de controle. Mijn duidelijkheid en mijn overwicht zijn ook nodig voor de andere spelers, die moeten weten wat ze aan me hebben. Door mijn dominantie ben ik in staat mijn teamgenoten op sleeptouw te nemen, zo van: schijt aan de tegenstander, we gaan ervoor. Manipuleren kan ik ook. Onlangs waren we in Amerika voor een toernooi en toen ik de scheidsrechter bij het zwembad zag zitten, ging ik die heel bewust even vriendelijk gedag zeggen. Niet omdat ik het zo'n leuke dame vond, maar omdat ik haar dan tijdens de wedstrijd makkelijker zou kunnen benaderen. Ook buiten het veld ben ik vrij dwingend. Ik sluit niet graag compromissen, als het nodig is, ben ik er wel toe bereid, maar ik heb liever dat de dingen gaan zoals ik wil. Ongenaakbaar ben ik niet. Dankzij de sport heb ik mezelf goed leren kennen. Als je slecht speelt en je wordt afgezeken door je coach, dan gaat dat heel direct en merk je vanzelf dat je wel degelijk kwetsbaar bent.'

Claudia de Breij geeft zichzelf een tien op de schaal van Stout. 'Risiconemend en veerkrachtig ben ik zeker en ik vrees ook dominant. Dat vind ik trouwens geen verkeerd woord. Ik ben een baasje, zowel op de radio als op televisie. In het theater werk ik met drie muzikanten en een technicus en ben ik degene die bepaalt wat er gebeurt. Over manipulatief zit ik te twijfelen. Ik zorg dat ik krijg wat ik wil, maar heb toch niet het gevoel dat ik manipuleer. Ik moet mezelf altijd in de ogen kunnen kijken, als ik vind dat iets niet oké is, doe ik het niet. Laatst had ik Wendy van Dijk in mijn programma, haar vader was net overleden en ik had het gesprek makkelijk in die richting kunnen manipuleren, maar ik wilde het niet. Ik vond dat ik er pas iets over kon zeggen op het moment dat het menselijkerwijs normaal was om er iets over te zeggen. Als dat me een slechte journalist maakt, jammer dan. Ongenaakbaar ben ik niet, was het maar waar. Op de middelbare school had je van die meiden die altijd ergens in een hoek alleen maar mooi zaten te wezen. Die vond ik ongenaakbaar, ik vroeg me altijd af hoe ze dat deden terwijl ik oververhit op de dansvloer stond te pogoën.'

Sylvana Simons heeft twee minuten nodig om te beslissen dat ze een twaalf is. Bij het opsommen van alle eigenschappen knikt ze instemmend, manipuleren vindt ze doodnormaal – 'Soms moet je slim zijn om te bereiken wat je wilt' – en ook ongenaakbaarheid ziet ze als een kwaliteit. 'Ongenaakbaar klinkt voor mij als onaantastbaar, onaanraakbaar en dat moet je in mijn vak wel zijn. Je moet weten wat je wilt en je niet van je pad laten afbrengen. Als je je van alle meningen iets gaat aantrekken, is het einde zoek. Je kunt het niet altijd goed doen, je kunt niet iedereen pleasen, dat werkt niet. Ongenaakbaar ben je vooral in de ogen van anderen en ik besef dat ik dat ben.'

De ontwikkelaars van de schaal van Stout schatten zichzelf in als twee elfjes. Natuurlijk zijn we levenslustig, nieuwsgierig en al die andere gezellige dingen tot en met negen, maar ook daarna pakken we door. Dominant zijn we tot vervelends toe. Met manipuleren hebben we geen enkele moeite, we vinden het zelfs leuk, bij elke geslaagde manipulatie die voor het maken van dit boek nodig was, gaven we elkaar een high five. Enig pijnpunt is de ongenaakbaarheid. Kijk, ik wil van mezelf best zeggen dat ik het ben. Als er een exit-poll

wordt gehouden die uitwijst dat negentig procent van de bevolking me ongenaakbaar noemt, kan ik ermee leven. Maar om mezelf zonder enig voorbehoud een twaalf te noemen, moeilijk, moeilijk. Dan komen er toch wat momenten naar boven waarbij ik de controle kwijt was. Ik zeg: burka bij Barend en Van Dorp, ik zeg de nasleep van het gevalletje Rob O. en recentelijk nog het glas water in het gezicht van Maarten S. Dat zou een twaalf niet doen. Een echte twaalf weet zich onder alle omstandigheden te beheersen. Zucht. Ooit komt de dag!

Marlies vindt zichzelf een elf omdat ongenaakbaarheid indruist tegen haar gevoel van nederigheid ten opzichte van de onberekenbare kracht van het leven. 'Ik denk aan mijn moeder die heupklachten heeft en zich elke dag met veel pijn door het leven sleept. Wat zou ik haar pijn graag verlichten. Ik denk aan Peter, mijn ex, van wie ik veel houd, maar de krachten van het elkaar niet meer begrijpen zijn sterker. En aan Zilver, mijn hartendief, alleen al het idee dat er iets met haar gebeurt, maakt dat ik me nietig voel en verre van ongenaakbaar.'

DEFINITIES VAN STOUT

STOUT[1] (het, de ~ (m.), ~s)

1 donker Engels bier

STOUT[2] (bn.)

1 (van kinderen) *ongehoorzaam* => *bliksems*, ondeugend; <=> zoet

2 stoutmoedig

STOU·TERD (de ~ (m.), ~s)

1 deugniet

STOU·TE·RIK (de ~ (m.), ~en)

1 deugniet

STOUT·HEID (de ~ (v.), -heden)

1 ondeugendheid, ongehoorzaamheid

2 vrijpostigheid

STOU·TIG·HEID (de ~ (v.))

1 het stout zijn

stout·moe·dig (bn.)

1 zonder angst voor gevaar => *stout*

stout·weg (bw.)

1 zonder schroom

HOE STOUT ZIJN ZIJ?

LEONTIEN VAN MOORSEL: 'Iedere topsporter is stout, dat kan niet anders. Stoutmoedig, maar ook stout in de zin van egoïstisch, puur en alleen op jezelf gericht zijn. Stoute kleding is als je borsten er half uitvallen. Dat vindt mijn vent stout, die vindt het niet goed als ik zo naar een feestje zou gaan. Als hij zich er opgelaten door voelt, doe ik het niet, ik vind het ook niet leuk als hij er raar bij loopt. Niet dat dat gebeurt, want ik leg al veertien jaar lang elke dag zijn kleren voor hem klaar. Hij ziet er altijd goed uit, ik heb een knappe vent, hoor. Alleen als hij voor zijn werk naar het buitenland moet, pak ik expres stomme kleren voor hem in, van die hele foute polo's. Da's eigenlijk ook stout, hè?' **(EEN 11 OP DE SCHAAL VAN STOUT – MARLIES EN HELEEN VINDEN 12)**

CLAUDIA DE BREIJ: 'Stout is dapper. Karel de Stoute is Karel de Dappere. In het Engels betekent het een straf biertje, maar ook moedig. Barbara Streisand heeft er een te gek liedje over gezongen. *Give me some men, who are stout-hearted men, who will fight for the right they adore.* Op die manier wil ik wel stout zijn en dat ben ik ook in sommige opzichten.' **(EEN 10 OP DE SCHAAL VAN STOUT)**

RENATE VERBAAN: 'Een stoute vrouw is mysterieus, geen open boek en op een bepaalde manier ondoordringbaar. Ze doet niet altijd wat je verwacht en wat ze doet, doet ze anders dan je had gedacht. Voor mij betekent het dat ik me niet altijd aan de regels houd die voor iemand in mijn positie gelden en dat ik mensen af en toe verbaas met wat ik doe.' **(EEN 10 OP DE SCHAAL VAN STOUT)**

CHAZIA MOURALI: 'Ik heb een bezwaar tegen de term stout. Ik begrijp waarom het de titel van het boek is, woorden als "vrij", "onafhankelijk", "wilskrachtig" of "eigenzinnig" zouden te politiek correct zijn en niet goed verkopen, maar ik wil toch een kanttekening maken. Het gevaar van stout is dat het eigenlijk heel traditioneel is. We hebben nog steeds te maken met de klassieke tweedeling: vrouwen worden gezien als de heilige maagd Maria óf Maria Magdalena, de zondares. Om niet een lief tutje te zijn, voel je je bijna verplicht om stout te zijn, maar dan kom je toch in de hoek van de "foute" vrouwen terecht. Kim Holland is hier een klassiek voorbeeld van. Zij neigt sterk naar hoer, maar om het een beetje af te zwakken, praat ze heel kinderlijk, als een stout schoolmeisje. Wil je als vrouw verder komen, dan moet je je losscheuren van die traditionele indeling. Iemand die dat goed doet is Madonna. Zij vindt zichzelf telkens opnieuw uit; het ene moment staat ze bij haar Londense buitenhuis met een parelketting en een kasjmieren sjaal om, het volgende moment springt ze over het podium in een zwartleren pak met zweep. Juist de kleurschakeringen tussen het engelachtige en het donkere zijn interessant. Het is spannend als niemand weet waar de engel ophoudt en de duivel begint. Het is een fascinerend proces waar ik nu middenin zit dankzij mijn zwangerschap. De kloekneigingen die ik heb, roepen vragen op: is ze nu getemd? Nee, natuurlijk niet. Er zijn alleen maar kleuren bijgekomen.' **(EEN 9 OP DE SCHAAL VAN STOUT)**

CATHERINE KEYL: 'Een stoute vrouw is iemand die van het leven geniet en die geen kans voorbij laat gaan om dat te blijven doen of ze nou twintig is of zeventig.' **(EEN 10 OP DE SCHAAL VAN STOUT)**

ANITA WITZIER: 'Stout is leuk, maar moet niet teveel verward worden met seksueel bevrijd zijn. In het geval van vrouwen is dat toch meestal de eerste associatie. In de betekenis van "vrijpostig" en "brutaal" zijn wij onze moeders en grootmoeders ruimschoots voorbij gestreefd: we geven lik op stuk en hem van jetje, indien nodig. Stout is ook "ondeugend" en "ongehoorzaam", waar is de tijd gebleven dat in het huwelijksartikel de vrouw haar aanstaande echtgenoot gehoorzaamheid diende te beloven? Anders geen ring en geen huwelijk! Stout is ten slotte "stevig", "krachtig" en "fors" en in die betekenis kan ik er veel meer mee. Een stoute vrouw is iemand die zichzelf leert kennen en durft te accepteren zoals ze is. Ze doet dingen die haar ergens brengen of haar gelukkig maken, waardoor ze iets aan anderen kan meegeven. Voor een deel heb ik dat gedaan.' **(EEN 7 OP DE SCHAAL VAN STOUT – MARLIES EN HELEEN VINDEN MINSTENS 9)**

SYLVANA SIMONS: 'Stout heeft alles te maken met lef. Je bent stout als je regels durft open te breken, als je grenzen voorbij gaat, als je je niet laat hinderen door de conventie, als het je echt niet uitmaakt wat anderen van je vinden. Het zit in je genen, het is niet zozeer dat je anders wílt zijn, het moet, het komt van binnenuit. Een stoute vrouw durft zichzelf te zijn in al haar vrouwelijkheid, in haar emotionaliteit, maar ook in haar mannelijkheid. Ze durft de eigenschappen die gewoonlijk aan mannen worden toebedeeld te omarmen.' **(EEN 12 OP DE SCHAAL VAN STOUT)**

WILLEKE ALBERTI: 'Stout is durven doen wat je zelf wilt en niet wat anderen willen. Ik ben daar de afgelopen jaren steeds beter in geworden. Meewerken aan dit boek is zoiets. Het werd me door praktisch alle mensen uit mijn omgeving afgeraden, maar het leek mij enig. Ik vind jullie leuke vrouwen, ik had er zin in. Daarom ben ik erbij.' **(EEN 9 OP DE SCHAAL VAN STOUT)**

YOLANTHE CABAU VAN KASBERGEN: 'Je gaat bijvoorbeeld heel sjiek uit eten en trekt geen slipje aan. Dat is stout. Of je leest alle sms'jes in de telefoon van je vriend. Dat hoort niet, maar veel vrouwen doen het toch, ik heb het ook weleens gedaan. Vroeger was het stout om een koekje te pakken terwijl het niet mocht, maar die leeftijd ben ik voorbij. Als ik nu een koekje wil pakken, dan mag dat, zoveel als ik wil.' **(EEN 10 OP DE SCHAAL VAN STOUT – MARLIES EN HELEEN VINDEN EEN 11)**

FATIMA MOREIRA DE MELO: 'Een vrouw die zich niet vastpint op het standaard denkbeeld dat vanuit de maatschappij wordt opgelegd, maar die haar eigen denkbeelden vormt. Die ook buiten regels om durft te leven en af en toe haar eigen regels maakt of haar impulsen volgt.' **(EEN 11 OP DE SCHAAL VAN STOUT)**

DAPHNE BUNSKOEK: 'Een vrouw die haar wensen kenbaar maakt zonder dat ze daarvoor met de Feministische Meetlat hoeft te zwaaien. Een vrouw die durft te genieten. Een vrouw met humor. Humor, zelfspot en relativeringsvermogen vind ik heel belangrijk. Dat maakt het verschil tussen een mooi plaatje en een opwindende vrouw.' **(EEN 9 OP DE SCHAAL VAN STOUT)**

BRAVE *moeders,* STOUTE *dochters*

FATIMA MOREIRA DE MELO

'Ik heb nog geen trek om te baren, het klinkt hard, maar in wezen ben je een zeug.'

De vader van Fatima Moreira de Melo huilde drie dagen nadat zijn dochter was geboren. Hij dacht dat hij vrouw en kind zou verliezen. Eigenlijk had zijn echtgenote beter niet zwanger kunnen raken, ze had al een miskraam gehad, er zat iets fout vanbinnen. Maar Fatima kwam toch, de bevalling verliep dramatisch en eindigde in een volledige ruptuur. Eén ding stond vast: er zou geen tweede kind komen. **FATIMA'S MOEDER STOPTE MET WERKEN OM ZICH TE WIJDEN AAN HET MOEDERSCHAP EN HET HUISHOUDEN. LANG HIELD ZE HET NIET VOL, HET HUISHOUDEN MAAKTE HAAR DEPRESSIEF.** Er kwam een kindermeisje, dat schoonmaakte en 's ochtends voor Fatima zorgde. Moeder ging parttime werken als secretaresse in een bibliotheek, alleen de ochtenden, klokslag één uur was ze weer thuis. Ook toen haar dochter naar school ging, bleef dat ritme in stand. Als Fatima naar huis kwam, zat haar moeder klaar met thee.

Haar ouders waren lief, warm en bezorgd. Hun enige kuiken werd gekoesterd. Fatima was een creatief kind, initiatiefrijk en sportief. Ze wilde véél en voor de meeste dingen die ze wilde, had ze haar ouders nodig. Ze zat op tennis en op hockey, ze speelde vaak buiten en maakte haar eigen kleding. Op school was ze een streber. Zo eentje die ging zeuren bij de

leraar als ze een negenenhalf had terwijl ze vond dat het een tien moest zijn. Ze wilde de beste zijn, ze wilde ambassadeur worden – haar vader was vice-consul – of patholoog-anatoom. In elk geval moest het iets zijn wat het moeilijkst of het beste was.

In hockey blonk ze uit. Ze speelde bij HGC in Wassenaar en daar mocht ze niet alleen naartoe. Haar moeder bracht haar, ging zichzelf in de buurt vermaken en haalde haar weer op, elke keer weer, drie keer in de week. 'Vreselijk vond ik het. Je had nog geen mobiele telefoons in die tijd, mijn moeder kwam altijd precies op tijd en dan moest ik mee. Nu zie ik wat een opoffering het van haar is geweest, toen baalde ik er alleen maar van. Het is knap dat ze dat opbracht voor haar kind, ik vraag me weleens af of ik hetzelfde zou kunnen.'

Zoals zoveel vrouwen bezat Fatima's moeder vooral het talent zich ondergeschikt te maken aan anderen. 'Ze kon vroeger goed tekenen heeft ze me verteld, hoewel ik dat nog nooit heb gezien. Ze heeft er op de huishoudschool een keer examen in moeten doen, ze moest een commode tekenen, maar ze wist niet wat dat was, daarom had ze even bij een ander gekeken en werd ze weggestuurd. Ze kon ook zingen en wilde in een bandje, maar dat mocht niet van haar moeder, mijn oma. Die zei na dat mislukte examen dat ze maar moest gaan werken. Ze heeft haar typediploma gehaald en is aan het werk gegaan, zestien jaar was ze. Ik geloof niet dat zij een drang had om zich te bewijzen. Ze had niet het gevoel ergens de beste in te zijn. Dat bewustzijn had ze niet, voor vrouwen van mijn generatie is dat makkelijker.'

Fatima is een kind van deze tijd. Ze is eraan gewend

dat wat zij wil, gebeurt. Armoede heeft ze niet gekend. Successen wel, de een na de ander. Opofferingsgezindheid komt niet in haar woordenboek voor. 'Toevallig heeft een vriendin van mij net een kind gekregen. Ze was onverwacht zwanger geraakt en wilde het niet laten weghalen. Ze was nog met een opleiding bezig, woonde niet samen. Haar hele leven is overhoop geraakt. Zij en haar vriend moeten zich in allerlei bochten wringen om het te redden. Ze hebben een huis gekocht, haar moeder komt oppassen en ze werken nu om de dag, hij de ene, zij de andere. Het lijkt me een ramp. **IK WIL PAS EEN KIND ALS IK KLAAR BEN MET MEZELF.** Ik weet niet wanneer dat moment aanbreekt. Als je eraan begint, geef je zo'n groot deel van jezelf op. Aan de ene kant vind ik kinderen schattig en leuk, aan de andere kant, als ik mijn vriendin met zo'n kolfapparaat bezig zie… zo wil ik mezelf gewoon nog niet zien. Ik heb ook geen trek om te baren, ik weet hoe het mijn moeder is vergaan en vrees het ergste. Dat hele zwangerschapsgedoe, ik wil het woord niet zeggen, maar in wezen ben je een zeug. Dat is voor mij geen romantisch idee, eerder angstaanjagend en het motiveert me niet om zwanger te raken, zeker nu ik zo hard bezig ben met mijn lichaam en de sport. Misschien als ik gestopt ben, dat ik er dan anders over denk. Als mijn vriend dan huisman zou willen worden, vind ik het prima. Hij heeft weleens geroepen dat als ik niet het niet wil, hij die taken best op zich wil nemen. Vindt hij relaxed. Ik zie het hem wel doen, ja.'

ANITA WITZIER

'Mijn moeder was de eerste die mij vasthield en ik was de laatste die haar vasthield.'

'Kun jij eigenlijk wel sokken stoppen?' vroeg de moeder van Anita Witzier bezorgd aan haar dochter toen deze had aangekondigd te willen gaan studeren. De jonge Anita fronste. Ze haatte handwerken. Goed, ze had geleerd om babykleertjes te haken en het was haar één keer gelukt om met meerdere pennen een lampje te breien, daarna wist ze heel zeker: haar toekomst lag niet in de handnijverheid.
'Waarom zou ik sokken moeten stoppen? Als ze stuk zijn, koop ik wel nieuwe,' antwoordde ze voor haar doen brutaal.
'Maar kind,' riep haar moeder geschokt uit. 'Je weet toch helemaal niet of je die wel kunt betalen?'
Anita's moeder was bezorgd. Ze had één kind, een dochter, zij was al in de veertig toen ze van haar beviel, Anita werd het wonder van de Kerkstraat genoemd, haar man en zij hadden vijftien jaar op haar gewacht. Het wonder van de Kerkstraat op kapotte sokken, bij de gedachte alleen al deed haar moeder een schietgebedje. Het gezin Witzier woonde in het 2.500 inwoners tellende Groot-Ammers, dat voor een groot deel streng christelijk was. Haar ouders waren hervormd. De vader van Anita was begrafenisondernemer. **NEDERIGHEID WAS ANITA'S MOEDER MET DE PAPLEPEL INGEGOTEN.** Anita: 'De sfeer waarin ik ben opgegroeid was typisch Neder-

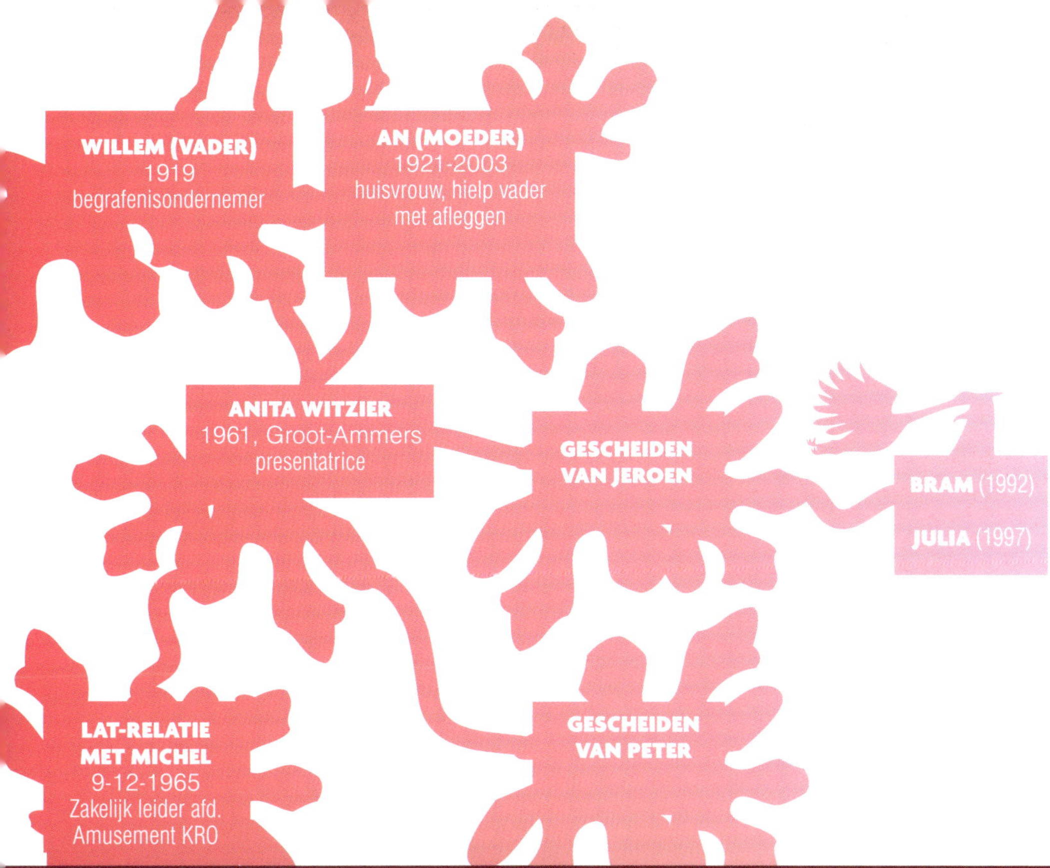

lands. De credo's bij ons thuis: doe maar gewoon, dan doe je al gek genoeg. Als je voor een dubbeltje geboren bent, word je nooit een kwartje. Als je je hoofd boven het maaiveld uitsteekt, wordt het eraf gehakt. Onbekend maakt onbemind. En vanuit de kerk: als we onze eigen weg gaan, doen we de Heer verdriet en ga zo maar door.'

Anita ging die woensdag naar de markt, naar de kraam van Zeger de Bruin om te kijken wat sokken kosten. Het viel haar alleszins mee. Wat er ook gebeurt, dat zal ik altijd kunnen betalen, wist ze. En studeren zou ze. Al was ze het enige meisje uit Groot-Ammers, al vond haar tante het geen pas geven, een meisje, op kamers, alleen, in de grote stad. Ze zou gaan. 'Ik luisterde in die tijd stiekem naar de platen van Robert Long. "Jezus Redt", dat nummer opende mijn ogen. Pure blasfemie was het. Vanaf onze kansel werd gepredikt dat er maar één weg is, één heer en één geloof, en dat je moet lijden. Als je tijdens je leven zou gehoorzamen en buigen, zou je later worden beloond, genade tijdens het leven bestond niet. Robert Long zette daar grote vraagtekens bij. Zijn muziek was voor mij een venster op de buitenwereld, de echte wereld, waar ik naartoe wilde. Toen ik besloot te gaan studeren, wist ik: als ik nu niet ga, ga ik nooit en word ik vast ongelukkig.'

De moeder van Anita hielp haar man met het afleggen van de overledenen. Daarnaast was ze huisvrouw, met alleen lagere school. Anita: 'Als ze in een andere tijd had geleefd, had ze alles heel anders gedaan, dat weet ik zeker. Dan had ze best de wijde wereld willen zien, nu had ze geen vleugels. Ze heeft mij wel altijd gezegd dat ik mijn rijbewijs moest halen, dat had ze zelf niet en ze zag in hoe belangrijk dat was.'

Anita's drang om uit Groot-Ammers te ontsnappen zorgde soms voor botsingen tussen moeder en dochter. 'We kibbelden geregeld. Zij wilde me erin houden, ik wilde eruit. Het duurde nooit lang. Ze is drie jaar geleden overleden, in haar laatste jaar zijn we erg naar elkaar toe gegroeid.'

Bij de begrafenis van haar moeder werd Anita opnieuw geconfronteerd met de rechtlijnigheid van de hervormde kerk. 'Je komt de aula binnen, alles is grijs en zwart, iedereen gedraagt zich formeel en afstandelijk, alles moet gaan zoals het hoort, heel kil. Als ik verdriet heb, wil ik getroost worden. Mijn moeder was opgebaard in de ene kamer en wij stonden ergens anders. Dat vond ik raar, het ging om háár, ze moest erbij. Toen ik zei dat ik haar erbij wilde hebben, kreeg ik meteen als antwoord: "Dat kan niet. Dat doen we nooit." Ik hield vol: "Nou, vandaag doen we dat wel." Toen is de kist inderdaad verplaatst. De dominee begon te spreken en verviel in allerlei clichés over de Here dit en de Here dat. Ik dacht: de Here is toch niet dood? Na zijn toespraak heb ik iets vanuit mezelf verteld over mijn moeder, over onze relatie, dat we weleens ruzie hadden, maar dat we ons hadden verzoend. Werd ik in het daarop volgende gebed toch neergesabeld door een ouderling! Die vond het een schande dat ik iets kritisch had durven zeggen over mijn moeder.'

Anita heeft op zijn zachtst gezegd grote moeite met de manier waarop tijdens haar jeugd door de toenmalige dominee werd gepredikt. Het kwam op haar over als de kerk van de wrakende God, zonder genade, zonder troost. 'Ik werd er rebels door en nog steeds kan ik me er kwaad om maken, omdat geloof volgens mij niet mag worden misbruikt om goedwillende mensen angst aan te jagen. **MIJN MOEDER, DIE NOOIT EEN VLIEG KWAAD HEEFT GEDAAN, WAS VOOR HAAR DOOD OPRECHT BANG DAT ZE DE VERKEERDE KANT OP ZOU WORDEN GESTUURD.** Het is toch verschrikkelijk als je met die angst op je sterfbed ligt? Gelukkig heb ik haar dat uit haar hoofd kunnen praten. Na een lang ziekbed is ze uiteindelijk in mijn armen gestorven. Mijn vader was er ook bij. Het was heel intiem en indrukwekkend, een van de mooiste momenten uit mijn leven. Ik vond het zo dapper van haar dat ze durfde los te laten, dat ze ging. Zij was de eerste die mij vasthield en ik was de laatste die haar vasthield.'

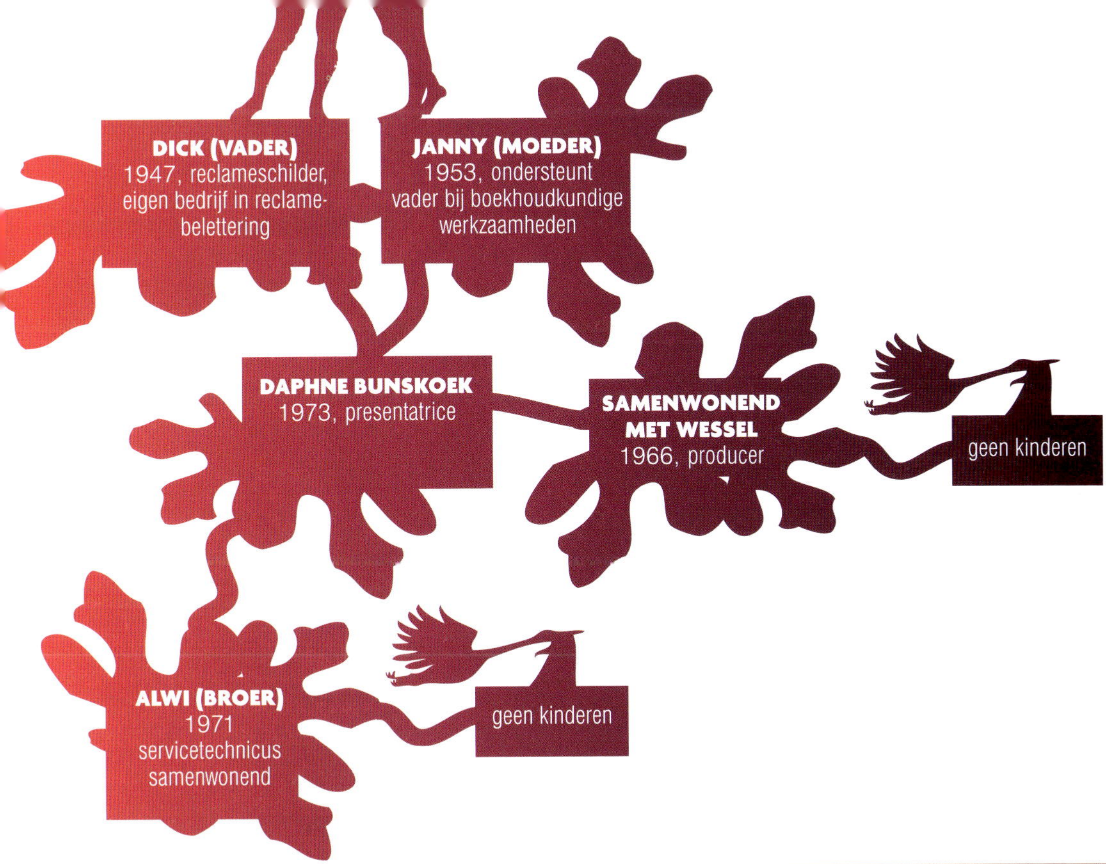

DAPHNE BUNSKOEK

'Mijn moeder maakte zich ondergeschikt aan ons, ik heb haar dat later wel verweten.'

De moeder van Daphne Bunskoek kreeg op haar achttiende haar eerste kind. Het was een jongen, Alwi. Een ongelukje, maar wel gewenst. Twee jaar later volgde Daphne. Op haar achtendertigste, de leeftijd waarop menig Nederlandse vrouw voorzichtig aan haar eerste zwangerschap begint te denken, waren Alwi en Daphne het huis uit en hadden pa en ma Bunskoek het rijk alleen.

De vader van Daphne was er een van twaalf ambachten, dertien ongelukken. Hij werkte in de bouw, was reclameschilder, loodgieter en op gezette tijden werkloos. Tegenwoordig heeft hij een reclamebedrijfje dat onder andere de belettering van spandoeken doet. Daphne's moeder heeft als secretaresse bij Bolletje gewerkt.

Daphne: **'MIJN MOEDER IS BEST EEN STOERE VROUW. ZE HEEFT HAAR VAARBEWIJS GEHAALD, ZE RIJDT MOTOR.** We hebben ook allebei op voetbal gezeten. Mijn vader en mijn broer voetbalden ook, maar hielden het na een tijdje voor gezien. Wij waren fanatieker, toen wij doorgingen, stonden zij langs de lijn.'

Daphne is erg trots op haar ouders. 'Ze hebben het goed gedaan. Ze hebben hun twee kinderen gezond van lijf en geest grootgebracht, terwijl ze zelf nog hartstikke jong waren. Als je al die berichten leest over kinderen die worden misbruikt, mishandeld of

verwaarloosd, dan besef je hoe je boft als je ouders het goed met je voorhebben. Mijn ouders steunden me altijd, stonden bij elke wedstrijd langs de lijn en vonden het geweldig dat ik ging studeren. Mijn vader schepte graag op over mijn voetbaltalent, heel lief. Dankzij hen ben ik geworden wie ik ben, ik heb geen gebrek aan zelfvertrouwen.'

Van een moeder die voetbalt, vaart en motor rijdt, zou je misschien verwachten dat ze zich niet bij de traditionele rolverdeling tussen man en vrouw neerlegt. Daphne's moeder deed dat wel. 'Ze ondersteunde mijn vader bij wat hij deed. Ze koos niet voor een eigen carrière, eerst kwamen haar man en kinderen, dan pas zij. Ik heb haar dat later wel verweten, ik vond dat ze zichzelf teveel ondergeschikt maakte, maar zelf vond ze het prima. Het was haar weg, het was goed voor haar. De neiging om jezelf weg te cijferen zag ik later ook bij mezelf toen ik vriendjes kreeg. Ik was doorgaans de afwachtende partij. **ALS HET VRIJDAGAVOND WAS EN VRIENDINNEN VROEGEN OF IK IETS LEUKS MET ZE WILDE DOEN, HIELD IK DE BOOT AF IN DE HOOP DAT HIJ ZOU BELLEN EN LANGSKOMEN.** Zelf nam ik niet het initiatief, ik weet niet waarom, ik vond gewoon dat hij dat moest doen. Als hij niet kwam omdat hij al plannen had voor de vrijdagavond, zat iedereen al ergens lol te maken, behalve ik. Als hij wél kwam, dook hij soms na thuiskomst meteen zijn eigen studio in om muziek te maken, de wereld om zich heen vergetend, mij incluis. Ik kon mezelf in die tijd moeilijk alleen vermaken en zag met verwondering en bewondering toe hoe hij opging in zijn passie. Het leek me heerlijk om zo in je eentje te kunnen zitten freaken zonder iets of iemand nodig te hebben.'

Daphne kwam uit een milieu waar veel werd gelezen, maar niet veel werd gepraat. Geen discussies aan de eettafel over politiek, eens per vier jaar stemmen op de PvdA was genoeg. Daphne's moeder had mavo gedaan en stopte met werken toen de kinderen klein waren. 'Ik heb thuis niet geleerd om een discussie aan te gaan, laat staan om een discussie met argumenten te winnen. Dat vind ik moeilijk en dat mis ik nog steeds wel. Om op tv mensen van allerlei pluimage te kunnen interviewen en om gesprekken op scherp te kunnen zetten, heb je bepaalde vaardigheden nodig. Je boft als je die thuis hebt kunnen ontwikkelen.'

Om aan zichzelf te werken, volgde Daphne enkele jaren geleden een opleiding tot dramadocent in Kampen. Daar werd haar stem op een bandje opgenomen, dat ze zelf moest terugluisteren. 'Heel confronterend. In het begin ratelde ik nogal. Je kunt alles aan je stem horen: je humeur, je angsten, je gewoontes, je opvoeding; voor de goede luisteraar ben je een open boek. En ademhaling is heel belangrijk. Die zit bij mij teveel bovenin, daarmee komt mijn gevoel meteen naar boven. Ik huil snel, dat heb ik altijd al gehad. Het is vooral lastig bij gesprekken, conflicten en ruzies. Ik zou wel willen dat ik dat meer onder controle had, mijn emoties rollen er altijd zo makkelijk uit.'

Dat ze niet is geboren in een van cultuur en wetenschap doordrenkt nest heeft ook een voordeel. 'Ik denk dat het een deel van mijn kracht is. Ik doe nooit geringschattend of arrogant, ik kijk niet op mensen neer. Daarnaast ben ik empatisch, kan ik goed luisteren en ben ik niet bang om vragen te stellen, ook vragen die een ander misschien niet zou stellen uit angst om voor dom te worden versleten. Die angst heb ik overwonnen. **HET IS JUIST DOM OM TE DOEN ALSOF JE IETS WEET OMDAT JE DE VRAAG NIET DURFT TE STELLEN.'**

CLAUDIA DE BREIJ

'Ik ben veel egoïstischer en brutaler dan mijn moeder.'

Als Claudia thuiskwam van school stond in de oven de warme maaltijd klaar. Op tafel lag een briefje: 'Hoe was het op school, liefje? Pak maar wat te drinken en neem wat lekkers erbij, ik ben zo thuis.'

Hoe ze de deur moest openmaken met de sleutel en hoe ze de schotel veilig uit de oven kon halen, had haar moeder een middag lang met haar geoefend. Claudia was tien jaar, haar broer veertien. Tot die tijd had haar moeder zich volledig gewijd aan hun opvoeding en het huishouden. Pas toen ze erop vertrouwde dat Claudia alleen thuis kon komen, ging haar moeder buiten de deur werken, parttime, als verkoopster in een damesmodezaak.

Claudia: 'Mijn moeder deed altijd alles in huis. En nadat ze ging werken nog steeds, want zij zorgde ervoor dat die schotel in de oven stond en stelde van tevoren de timer in. Ze was een zelfstandige, handige vrouw. Als er werklui over de vloer waren om iets te repareren, ging ze erbij staan, zodat ze het de volgende keer zelf kon.'

De meeste ouders willen het beste voor hun kinderen, zo ook de ouders van Claudia. Zij kwamen uit een arbeidersmilieu. Opa van vaders kant was machinist, opa van moeders kant visboer. Een boek lezen vond oma tijdverspilling, want dan deed je eigenlijk niks.

'MIJN MOEDER HAD HET TALENT EN DE MOGELIJKHEID,
maar was niet stoutmoedig genoeg om ervoor te gaan.

IK HEB HET TALENT, DE MOGELIJKHEID ÉN DE GROTE BEK.
Dat heeft mijn moeder mede mogelijk gemaakt.'

Claudia's ouders hadden zich bij hun trouwen een ding heilig voorgenomen: als ze kinderen mochten krijgen, zouden ze die alle kansen bieden om zich te ontwikkelen. En zo geschiedde. De vader van Claudia werd directeur van een pr-bureau. Ze woonden in een groot huis aan de rand van een dorp. Er was geld voor tennis, pianoles, ballet. De kinderen droegen merkkleding. Er werd met ze gepraat, er werd naar ze geluisterd, ze werden gerespecteerd. Ze werden doodgegooid met boeken.

Claudia vindt dat haar ouders het geweldig hebben gedaan. 'We hoefden niets in huis te doen, gaan jullie maar leren en spelen, zei mijn moeder. Als we in de vakantie een keer moesten afwassen, dan vonden we dat belachelijk, want voor ons was het toch ook vakantie? Twee verwende blagen waren we. **MIJN VADER HEEFT TOT OP DE DAG DAT IK HET HUIS UITGING ELKE OCHTEND BOTERHAMMEN VOOR ME GESMEERD.** Hij vond het bijna jammer dat ik leerde lezen, want vanaf dat moment hoefde hij me voor het slapen gaan geen verhaaltje meer te vertellen. Destijds vond ik dat allemaal doodgewoon, nu pas besef ik hoe bijzonder het is.'

Haar ouders staken extreem veel energie en liefde in hun kinderen, Claudia ziet zichzelf dat niet snel doen. 'Ik ben veel egoïstischer, absoluut. En brutaler. Volgens mij is dat kenmerkend voor onze generatie. Mijn moeder is een talentvolle vrouw, ze heeft een gave voor interieurinrichting. Ik heb vaak tegen haar gezegd: als jij een eigen zaak was begonnen, was je de vrouwelijke Jan des Bouvrie geworden. Dan gaat ze een beetje verlegen lachen, ze is veel te bescheiden om zoiets over zichzelf te denken. Als je ons op de schaal van Stout zet, kom ik tot tien en is mijn moeder een vijf. Ze is talentvol, ambitieus en ondernemend, maar altijd in bescheiden kring. Ze zou nooit met haar talent naar buiten durven treden, daarom is ze niet succesvol, tenminste, niet in de zin van de schaal van Stout.'

In theorie had Claudia's moeder best de mogelijkheid om zich te ontplooien, maar ze deed het niet, omdat je dat nu eenmaal niet deed. 'Als je die stap wel zette, ging je heel ver, dan was je een echte feminist. Zij had het talent en de mogelijkheid, maar was niet stoutmoedig genoeg om ervoor te gaan. Ik heb het talent, de mogelijkheid én de grote bek. Dat heeft mijn moeder mede mogelijk gemaakt. Zij heeft met mijn vader de omstandigheden gecreëerd waardoor haar kinderen kunnen gloriëren en dat ook kunnen blijven doen. Mijn broer is advocaat en wie past er op zijn drie koters? Precies, mijn moeder.'

CATHERINE KEYL

'Ik denk weleens dat mijn moeder een rotleven heeft gehad.'

Bescheiden, op de achtergrond, zichzelf wegcijferend: zo hoorde een vrouw te zijn en zo was de moeder van Catherine Keyl. Ze probeerde haar dochter op te voeden met dezelfde waarden, maar die bleken niet van toepassing op de kleine Catherine. **'IK WAS ALTIJD AL ANDERS DAN ANDERE KINDEREN.** Je gaat me niet geloven, maar weet je dat ik op mijn zestiende in Parijs mijn eerste zakelijke deal heb gesloten? Dat deed ik voor mijn vader, die was donsimporteur. Hij sprak zelf niet zo goed Frans, ik wel omdat ik al vanaf mijn twaalfde met hem in Frankrijk kwam. Hij zei: "Ga jij naar Parijs, je moet dat en dat regelen, als je het voor elkaar hebt, kom je maar terug." Mijn moeder vond het volstrekt onverantwoord, die riep: "Dat kun je dat kind niet laten doen!" Ik ging toch en eenmaal in Parijs had ik het binnen een half uur geregeld. Triomfantelijk belde ik mijn vader, hij kon het niet geloven. Ik zweefde terug naar Nederland, het gaf me een enorme kick.'

De vader van Catherine maakte zijn dochter op een mannelijke manier hard voor de maatschappij. Dat deed hij bewust. 'Hij dacht: als ik haar maar laat voelen dat het leven niet makkelijk is en duidelijk maak dat ze heus niet zo bijzonder en geweldig is, dat ze ervoor moet knokken, dan komt

ze er wel. En daarin heeft hij gelijk gekregen.'
Catherine erfde de handelsgeest van haar vader. Haar huidige partner is verbaasd als hij ziet hoe makkelijk ze dingen op de kop tikt en weer verkoopt. 'Of het nou een schilderij is dat ik niet meer leuk vind of een huis, ik raak het altijd kwijt, daar maak ik me nooit zorgen over. Handelen is simpel, je moet mensen overtuigen van het belang van de deal. Je hebt een kilo van iets, dat kost twee euro inkoop en dat probeer je te verkopen voor twee euro vijftig. Dat is alles, er is niets creatiefs aan. Mijn vader had graag gewild dat ik zijn zaak zou overnemen, maar dat heb ik niet gedaan. Dat vond hij heel erg. Toen hij me als verslaggever bezig zag, zei hij altijd: **"ALS JIJ IN ZAKEN WAS GEGAAN, WAS JE RIJK GEWORDEN."** Maar rijk worden is voor mij geen doel op zich.'
Na een studie Frans werd Catherine een van de eerste vrouwelijke nieuwsverslaggevers op televisie, naast Ria Bremer en Yvonne Habets. Haar moeder was zo trots als een aap. 'Ze had intussen wel ingezien dat haar stellingen over vrouwen bij mij niet houdbaar waren. Mijn moeder was een wonderlijke vrouw, verlegen en een beetje wereldvreemd. Ik weet nog dat ik ertegen opzag om te gaan werken in een door mannen gedomineerde wereld. Daar had ik het met haar over en toen zei ze: "Kind, dat is toch niet erg, je krijgt er straks heel veel vrienden bij." Lief, maar ongelooflijk naief, ik kreeg er alleen maar vijanden bij. Tegelijkertijd was mijn moeder ook heel slim, van huis uit had ze alleen mulo, later heeft ze in de avonduren gymnasium gedaan, een enorme prestatie. Ze was bescheiden, in de oorlog heeft ze onderduikers geholpen, daar ging ze niet prat op, terwijl die mensen haar elk jaar op haar verjaardag belden om haar te feliciteren. Die hadden hun leven aan haar te danken.'
Catherine's moeder is altijd huisvrouw geweest. 'Zo ging dat nu eenmaal. Als je een gezin had, diende je daarvoor te zorgen en bleef je thuis. Ik denk weleens dat ze een rotleven heeft gehad. Ze heeft jarenlang voor haar kinderen gezorgd en toen die het huis uitgingen, kreeg ze darmkanker. Daarover durfde ze niet te praten, dat deed je gewoon niet, stel je voor. Later kreeg ze borstkanker, daar had ze het ook niet over. Lag ze in haar eentje in het ziekenhuis en als je vroeg hoe het ging, zei ze: "Prima hoor, het gaat wel over." Altijd dat wegcijferen, zo van: wat ik heb, is niet belangrijk. Het rare was dat ik hetzelfde deed zonder dat ik het in de gaten had, vooral in relaties. Een vriend wees me erop, die zei: "Als je daarmee ophoudt, zul je het een stuk een makkelijker krijgen." Dat je een ander altijd moet laten voorgaan was er zo ingestampt, het was een tweede natuur geworden.'

EDI (VADER)
1915-1986
koopman
AALTJE (MOEDER)
1914-1996
huisvrouw
CATHERINE KEYL
1946, Den Haag
presentatrice
SAMENWONEND MET MAURITZ
ondernemer
geen kinderen
ARJOLIJN (ZUS)
1949
erpleegkundige
GESCHEIDEN
2 kinderen
ANNEMIEKE (ZUS)
1955
ondernemer
GETROUWD
geen kinderen

RENATE VERBAAN

'Als mijn vriendje een lamzak was, zou mijn moeder wijselijk zwijgen.'

'Wat is dat voor vent en wat moet-ie van mijn dochter?' dacht de moeder van Renate Verbaan toen een onbekende man in de Bijenkorf op Renate afstapte met de vraag of ze een keer bij hem langs wilde komen. De man was eigenaar van een modellenbureau, hij zag een gouden toekomst voor Renate. Moeder en dochter waagden de gok en maakten een afspraak voor een fotoshoot. Daarna ging het balletje rollen. Op vijftienjarige leeftijd vertrok Renate voor twee weken naar Parijs voor castings en modellenwerk.

Renate: 'Ik ging er tijdens mijn vakantie naartoe. Weer thuis kwam ik op een dag uit school, zat mijn moeder hevig glunderend op de bank. Ze was gebeld door het bureau van Eileen Ford of ik na mijn examen naar New York wilde komen. Ze was bijna nog meer opgewonden dan ik. Haar dochter, die door Ford was gevraagd om naar New York te komen, ze vond het wat.'

Renate noemt haar moeder 'de manager thuis', haar vader is projectmanager bij een logistiek bedrijf. 'Mijn moeder is geboren in Apeldoorn, het gezin verhuisde later naar Rotterdam waar ze naar de huishoudschool werd gestuurd. Dat ging zo van: je

bent een meisje, dus dat is handig. Ze is getrouwd, heeft twee dochters gekregen en heeft ervoor gekozen om thuis te blijven en voor ons te zorgen. **ZE WAS DE TRADITIONELE MOEDER DIE THUIS ZAT MET DE THEE.** Het ondernemende en het reislustige heb ik van mijn vader, mijn moeder heeft dat niet in zich, mijn zus ook niet. Als die voor haar werk naar Londen moet, kan ze zich al druk maken omdat ze daar niemand kent.'

Als kind droomde Renate nooit van een carrière als model. Ze had een fascinatie voor geschiedenis en wilde archeoloog worden. 'Het leek me geweldig om oude voorwerpen op te graven, al zei mijn vader dat er geen droog brood in te verdienen viel. Mijn moeder had weleens tegen me gezegd dat ik bij een modellenbureau langs moest gaan, maar ik dacht, joh, dat kan ik helemaal niet. Ik had totaal geen drang naar de spotlights van de glamourwereld.'

Nadat ze haar mavo-diploma had gehaald, stapte Renate op het vliegtuig naar New York. Zestien jaar was ze, haar ouders zwaaiden haar met een mengeling van trots en angst uit. 'Ze hebben me nooit een strobreed in de weg gelegd. Nu ben ik ook geen type dat in zeven sloten tegelijk loopt. Het gaat mijn ouders erom dat ik gelukkig ben en dat ik me goed voel bij wat ik doe. **MIJN MOEDER WEET DAT HET GEEN ZIN HEEFT MIJ IN EEN KEURSLIJF TE DRUKKEN, DAT WERKT AVERECHTS.** Als ik een vriendje zou hebben dat ze eigenlijk een lamzak vindt, zou ze daar ook niet snel iets van zeggen, ook al is de verleiding groot om hem tot de grond toe af te branden.'

WILLEKE ALBERTI

'Mijn moeder heeft zich haar leven lang geschaamd. En nog.'

De moeder van Willeke Alberti is de dochter van een stoute vrouw. Dat klinkt ingewikkeld en dat is het ook. Willeke vindt het moeilijk om over anderen te spreken, zeker als ze nog in leven zijn, maar wil wel iets over haar bijzondere familiegeschiedenis vertellen. 'Mijn oma, de moeder van mijn moeder, had een zus. Die zus was getrouwd en had negen kinderen. **MIJN OMA WERD VERLIEFD OP DE MAN VAN HAAR ZUS. HET WAS EEN LIEFDE DIE ZICH NIET LIET DWINGEN.** Die man, mijn opa dus, verliet zijn vrouw voor mijn oma en samen kregen ze drie kinderen. Mijn moeder is de oudste van die drie. Omdat opa en oma nooit zijn getrouwd, was mijn moeder een onecht kind, een bastaard. We hebben het over 1921, zoiets was toen een schande. Mijn moeder heeft zich er altijd voor geschaamd, er werd niet over gesproken. Heel jammer, want het was geen schande en al was dat zo, dan kon zij er niets aan doen. Mijn oma was een geweldige vrouw. Echt, een heerlijke schat! Als ik alleen al aan haar denk, slaat er een warme golf door me heen.'

WILLY (VADER)
1926-1985
zanger
RIA (MOEDER)
20-8-1922
huisvrouw
DAVEY
16-10-1990
ESTELLE
5-4-1993
WILLEKE ALBERTI
1945, Amsterdam
zangeres
(GESCHEIDEN)
JOOP (1E MAN)
7-4-1942
basgitarist
getrouwd 1965-
1974
DANIELLE
10-2-1968
columniste/
yogalerares
ZOON DANICE
8-10-1975
van Margie
2 dochters
Lesley 9-6-1983,
Jacky 28-3-1987,
beiden van
Bianca
JOHN DE MOL
(2E MAN)
24-4-1955
ondernemer
getrouwd 1976-1980
JOHNNY
DE MOL
12-1-1979
acteur
TONNY (BROER)
28-1-1950
ondernemer management-
bureau voor feestavonden
getrouwd met Marla 8-4-1961
getrouwd met Margie
gescheiden 1987
getrouwd met Bianca Louise
gescheiden 1995
SÖREN (3E MAN)
1-2-1958
voetbalmakelaar
getrouwd 1983-1995
KAJ
28-6-1983
voetbal-
makelaar

In 1944 ontmoet de moeder van Willeke de zeventienjarige Willy Alberti. Hij maakt haar zwanger, ze trouwen en in februari 1945 wordt Willeke geboren. De kersverse achttienjarige vader is zo vermagerd door de hongerwinter dat hij in het ziekenhuis wordt begroet met de woorden: 'Zo jongen, kom jij naar je zusje kijken?'

Willeke's moeder krijgt na Willeke nog een zoon. Ze is dienend en zorgend, haar leven staat volledig in het teken van haar man en kinderen. Willeke heeft groot respect voor haar, al zijn er de nodige botsingen geweest.

'Ze was niet altijd makkelijk. Als ze op bezoek kwam, kwam ze als het ware op inspectie. Was mijn huis in haar ogen niet genoeg gepoetst, dan kreeg ik dat te horen. Ik kon daar behoorlijk zenuwachtig van worden. Het is ook echt iets van die tijd. Als ik nu bij mijn dochter op bezoek kom, dan let ik er niet op of het rommelig is of niet. Wat maakt het uit? Als het maar gezellig is. Bij de première van mijn theatervoorstelling ***Goud*** zaten al mijn kinderen met hun aanhang en mijn kleinkinderen op de eerste rij, mijn moeder heb ik gevraagd of ze achter in de zaal wilde zitten. Haar blikken zouden me te nerveus maken, dat kon ik er niet bij hebben. Ze heeft het gedaan, ze kon niet anders, het was een moment waarop ik voor mezelf koos.'

Willeke, inmiddels zelf oma van twee kleinkinderen, ziet in haar bewogen familiegeschiedenis veel patronen die zich herhalen. **'ALS IK KIJK NAAR HOE MIJN MOEDER LEEFT, HOE MIJN OMA LEEFDE, HOE IK LEEF EN HOE MIJN DOCHTER LEEFT, DAN ZIE IK DAT WE IN GROTE LIJNEN MET DEZELFDE DINGEN WORSTELEN.** Natuurlijk, sommige zaken zijn ogenschijnlijk makkelijker geworden voor vrouwen, maar uiteindelijk zijn we allemaal zoekende. Op de tast gaan we de weg die we moeten gaan. We komen hobbels tegen, dingen lopen anders dan we hadden gedacht, dat hebben we maar te accepteren. We moeten leren omgaan met ons verleden, iedereen draagt een rugzak met zich mee en dat beïnvloedt je, of je wilt of niet. Mijn moeder heeft de geschiedenis waarvoor ze zich schaamt in haar rugzak. **BIJ MIJ IS ER IETS GEBEURD TOEN IK DERTIEN JAAR WAS, WAT IK MET ME MEEDRAAG. IK WIL NIET ZEGGEN WAT, MAAR HET HEEFT ME GEVORMD.** Ik ben drie keer getrouwd en gescheiden, mijn broer is ook drie keer getrouwd en twee keer gescheiden. Daardoor zijn onze kinderen op hun beurt gevormd. En zo gaat het maar door.'

‘WE HADDEN GEWOON
GEEN NORMAAL GEZIN.
Het was altijd
EEN PUINHOOP
BIJ ONS THUIS.
Niet vies, dat nooit, maar overal lag rommel, stapels papier, spullen.’

STOUTE *moeders*, STOUTE *dochters*

YOLANTHE CABAU VAN KASBERGEN

De moeder van Yolanthe had zoveel kinderen dat ze er weleens eentje vergat.

Zoals die keer dat ze met z'n allen naar België waren geweest. Hun busje reed alweer op de Nederlandse snelweg toen een van de zusjes zich afvroeg of Xavi wel aan boord was. Hij bleek nog in Antwerpen te zijn.

Yolanthe: 'Mijn moeder spreekt zeven talen, is creatief, chaotisch en bovenal ontzettend lief. In 1989 zijn we met zijn allen naar Nederland gekomen. Mama was weggegaan van mijn vader, een dominante Spanjaard. We waren met zijn achten: zes meisjes en twee jongens. We hadden bijna niks, geen kleren, geen spullen, geen geld, mijn moeder had alles achtergelaten. Mijn opa en oma hebben ons geholpen, we kregen in Hilversum een huis toegewezen. **WE WAREN EEN OPVALLEND, LUIDRUCHTIG GEZIN, WE ZAGEN ER EXOTISCH UIT, SPRAKEN GEEN NEDERLANDS EN WE WAREN ALLEMAAL BEHOORLIJK TEMPERAMENTVOL.'**

De vader van Yolanthe is een succesvol horecaondernemer op Ibiza. Haar moeder is Nederlandse, ze ontmoette hem tijdens haar werk als reisleidster en werd smoorverliefd. Ze gaf alles voor hem op, haar werk, haar woning in Nederland, en ging op Ibiza wonen om een gezin te stichten en oud te worden.

'Mijn vader wilde veel kinderen, dus er kwamen

veel kinderen. Voor mijn moeder was hij haar grote liefde, ze gaf zich volledig aan hem, in het begin adoreerde hij haar ook. Mijn vader is een hele sterke persoonlijkheid, wat je noemt een twaalf op de schaal van Stout, mijn moeder is dat op haar manier ook. Helaas is het misgelopen tussen hen. Mijn vader was niet de beste vader en echtgenoot die je je wensen kon. Hij was vaak gemeen tegen mijn moeder en heeft haar veel verdriet gedaan.'

Yolanthe's moeder heeft lang geprobeerd het gezin bij elkaar te houden. 'Het verscheurde haar. Als kind voel je dat, **IK VOELDE DE PIJN VAN MIJN MOEDER.** Uiteindelijk heeft ze alle banden met mijn vader verbroken en voor haar kinderen en voor zichzelf gekozen. Ze wilde niets meer met hem te maken hebben, ze heeft geen cent van hem aangenomen, is vertrokken en ze heeft het in haar eentje geklaard met alle kinderen. Inmiddels heeft mijn vader een andere vrouw, mijn stiefmoeder, met wie hij vijf kinderen heeft, mijn halfzusjes en -broertjes.'

Yolanthe is nu erg trots op haar moeder, vroeger heeft ze zich weleens voor haar geschaamd. 'We hadden gewoon geen normaal gezin. Het was altijd een puinhoop bij ons thuis. Niet vies, dat nooit, maar overal lag rommel, stapels papier, spullen. Dan vroeg ik aan mijn moeder: waar is dit of dat? Zei ze blindelings: O, dat ligt daar, achter die dozen.

Er waren weinig regels, mijn moeder heeft ons vrij opgevoed. Ze heeft ons alles geleerd wat we moesten weten, daarna moesten we het zelf doen. Ze kon niet elke avond bij alle kinderen checken of ze hun tanden wel hadden gepoetst. Een keer werd ik om vier uur 's nachts aangekleed op de bank wakker omdat ik voor de tv in slaap was gevallen. Zij had me dan wel geroepen, maar ik was gewoon blijven liggen. Ze deed haar best, maar ze kon niet alles in de gaten houden.'

Als Yolanthe bij vriendinnetjes thuis kwam, viel ze steil achterover van verbazing. 'Daar aten ze met zijn allen aan tafel, dat was bij ons niet vanzelfsprekend. Het was ook altijd keurig aardappels, vlees en groente. Mijn moeder maakte meestal één grote pan met eten voor ons allemaal, ze was heel vindingrijk, ze bedacht zelf recepten met de ingrediënten die ze in huis had. Iedereen mocht altijd mee-eten, een paar kinderen meer of minder maakte haar niets uit.'

De moeder van Yolanthe deed in die tijd geen betaald werk, wel vrijwilligerswerk in de buurt. 'Ze had altijd oog voor de nood van anderen. Als ik vroeg waarom ze niet bij ons thuis was, legde ze me uit dat sommige kinderen het heel moeilijk hadden en dat die haar hulp nodig hadden.'

De opa en oma van Yolanthe hadden weleens commentaar. 'Die kwamen spullen brengen en zeiden: "De kinderen hebben verschillende sokken aan."

"Ach," zei mijn moeder, "we hebben het toch goed?" Die vond dat niet zo'n punt. Het was haar manier van leven, dat is het nog steeds. Het grappige is wel dat mijn zussen en ik allemaal supernetjes zijn. We zijn ook heel close. En we zijn allemaal gezond, gelukkig en verstandig.'

Yolanthe's moeder is nu getrouwd met een psycholoog. 'In het begin was hun huis wit en strak, nu zie je het langzaam maar zeker in haar creatieve chaos veranderen. Haar man vindt het prima, hij zegt: ik hou van haar en ik vind het best leuk,

dat paars en dat oranje. Mijn moeder is soms zelfs helemaal beledigd als ze iets in huis heeft veranderd en hij merkt het niet. "Hoe vind je het?" roept ze stralend als hij thuiskomt van zijn werk. Hij heeft geen idee. "De trap is helemaal panter geworden! Hoe kun je dat nou niet zien?" De trap had eerst een zebraprint, maar daar had ze overheen geschilderd. Hij kan daar hartelijk om lachen.'

Het is dat ze het zo druk had met haar kinderen, anders had haar moeder wellicht carrière kunnen maken in een creatief beroep. 'Ze beschildert tegeltjes, overal hangen dingen en gekkigheden van haar hand. Ze is kunstenares, ze heeft een grote fantasie. Vroeger deed ze ook spannende dingen met ons. Maakte ze ons 's nachts wakker, moesten we allemaal zwarte kleding aan, nam ze ons mee naar een kraakpand, alsof het een spookhuis was. **WE MOCHTEN NIET LACHEN, WANT DAN ZOU DE POLITIE ONZE TANDEN ZIEN.** Dat soort dingen deed ze. Ze was een bijzondere moeder en dat was ze.'

SYLVANA SIMONS

'Ik word gestoord van vrouwen die niets anders doen dan hun kinderen entertainen.'

'Mijn moeder is onder in de kelder bij IBM begonnen met het in elkaar zetten van typemachines. Ze is in de loop der jaren letterlijk en figuurlijk hogerop gegaan in het bedrijf. Toen ze vertrok zat ze op de twaalfde verdieping en was ze leidinggevende.'

SYLVANA IS EEN VAN DE WEINIGE VROUWEN UIT STOUT VAN WIE DE MOEDER CARRIÈRE HEEFT GEMAAKT. Als kind zat Sylvana op de crèche, later ging ze naar de naschoolse opvang, tussen de middag kwam ze alleen thuis, ze wist niet beter. 'Ik ben blij dat ik mijn moeder als voorbeeld heb gehad. Wat ik van haar heb geleerd, is dat je je kinderen een grote mate van zelfredzaamheid meegeeft. Dat zie ik ook bij mijn eigen zoon en dochter, die redden zichzelf heel goed, ik hoef ze niet bezig te houden. Ik word gestoord van vrouwen die de hele dag niets anders doen dan hun kinderen entertainen. Ze moeten naar de film, naar het park, naar Artis, alsof je ze daarmee zo'n plezier doet. Ik denk dat je je kinderen beter een bepaalde mate van zelfstandigheid, zelfredzaamheid en flexibiliteit kunt aanleren, daar hebben ze meer aan in de grotemensenwereld.'

De moeder van Sylvana ging om kwart over zes

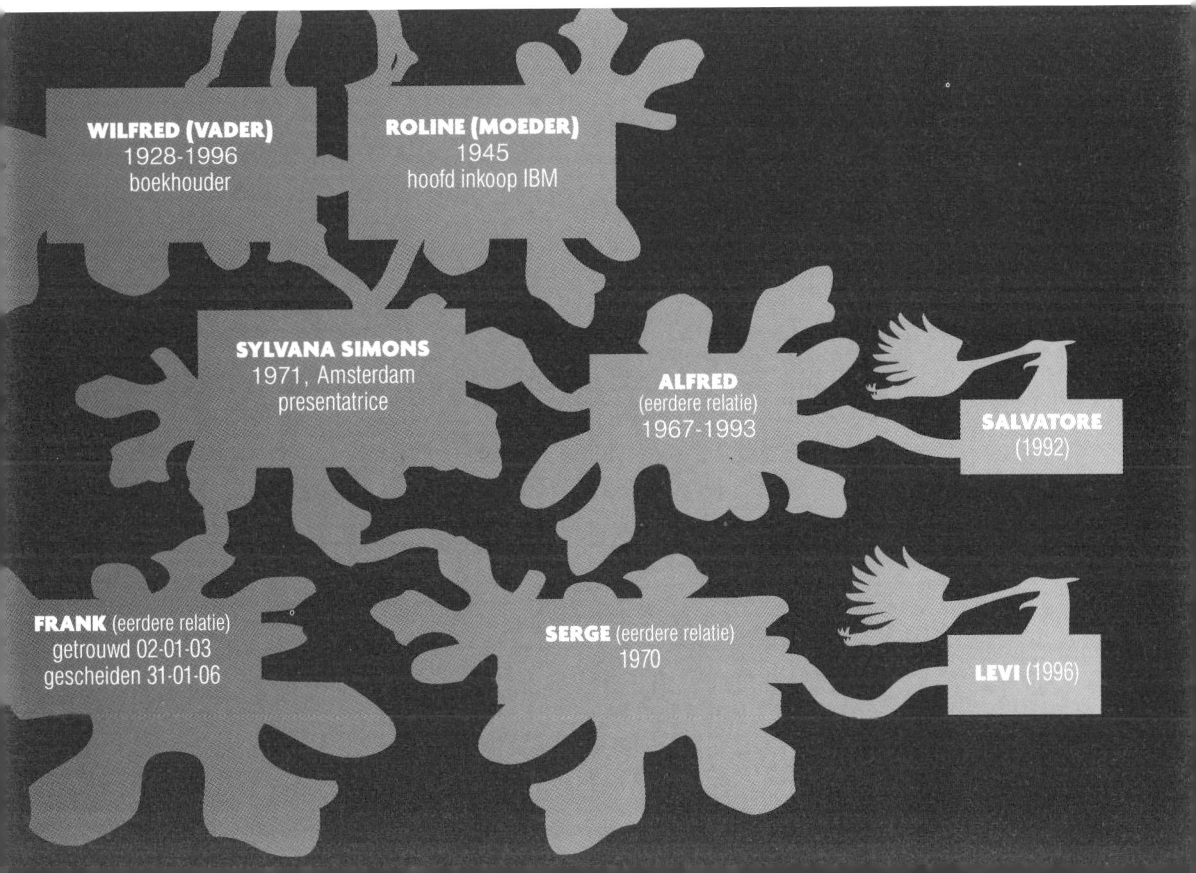

's ochtends de deur uit en kwam om kwart voor zeven 's avonds thuis. Twintig minuten later stond het eten op tafel en dat was altijd lekker. 'In de Surinaamse cultuur regelen vrouwen sowieso alles, er is geen vrouw die niet werkt. De een kookt, de ander bakt. Het was geen onderwerp van gesprek bij ons thuis. Mijn ouders hadden een bepaalde levensstandaard, om aan die materiele verlangens te voldoen moest er hard worden gewerkt. IBM was een goed bedrijf met gunstige arbeidsvoorwaarden, er was geen sprake van dat ze zou stoppen.'

Sylvana groeide op in de Amsterdamse wijk Osdorp, het gezin verhuisde later naar Hoorn. 'Ik was een vrolijk, sociaal en intelligent kind, ik had altijd aanspraak op straat. Praten en dansen kon ik goed, dat deed ik de hele dag. Mijn vader zei altijd dat ik in mijn leven twee keer zo hard zou moeten werken als een ander omdat ik zwart was. Het omgekeerde bleek waar. **MENSEN DIE NAUWELIJKS IETS VAN JE VERWACHTEN, ZIJN MAKKELIJK TE VERRASSEN. MIJN HUIDSKLEUR HEEFT VOORAL IN MIJN VOORDEEL GEWERKT.'**

Ze heeft met haar moeder een andere band dan ze met haar vader had. 'Mijn moeder hoeft maar een dingetje te zeggen, één klein ding en je gaat stuk. Zij is een sterke vrouw en heeft daardoor iets afstandelijks over zich. Ze is geen traditionele moeke bij wie je op schoot kruipt voor een knuffel. Zolang je daarnaar blijft verlangen, word je gekwetst. Je wilt het altijd goed doen, je wilt dat iedereen gelukkig is, maar dat is onmogelijk. Ik zal nooit aan de verwachtingen van mijn ouders voldoen. Zij hadden niet verwacht dat ik in de showbizz terecht zou komen, ze zagen me eerder studeren, advocaat worden en een huisje-boompje-beestjeleven leiden. Maar goed, zij hebben ook niet altijd aan mijn verwachtingen voldaan.'

Sylvana heeft een grote vrijheidsdrang die, naarmate ze ouder wordt, alleen maar toeneemt. 'Ik wil in alles vrij zijn, daarmee stel je mensen onherroepelijk teleur. Je moeder, je partner, je kinderen, dat is de consequentie. Het is ontzettend bevrijdend om te kunnen zeggen: ik vind je lief en aardig, maar wat jij van mij vindt interesseert mij werkelijk niets, en het dan nog te menen ook. Dat zijn momenten waarop ik me vrij voel.'

LEONTIEN VAN MOORSEL

'Mijn moedertje buffelde maar door, een doorzetter met sterke pootjes was ze, net als ik.'

'Mijn moedertje was altijd bezig. Ik zie haar nog sjouwen met zakken cement van vijftig kilo op haar nek. Overdag reed ze op de vrachtwagen, 's avonds stond ze te koken voor haar man en vijf kinderen, ze deed alles.' Leontien van Moorsel praat met diep ontzag over haar moeder. 'Als je mijn zussen zou spreken, zouden ze precies hetzelfde zeggen. Niets dan goeds. Omdat mijn vader met gezondheidsproblemen kampte, heeft zij haar hele leven dubbel zo hard moeten werken. Dat mensie buffelde maar door. In haar eentje hield ze de boel draaiende, een doorzetter is ze, dat heb ik van haar.'

Pa en ma Van Moorsel hadden een goedlopende zaak in bouwmaterialen. Op zijn vierendertigste kreeg pa zijn eerste hartinfarct, vier jaar later een hartoperatie. Door zijn gezondheidsproblemen ging de zaak op de fles. Leontien was negen jaar toen het gebeurde. 'Tot die tijd kon alles, daarna bijna niks meer. Alles werd anders, we gingen naar het absolute minimum, een deel van ons huis moest worden verkocht, elke cent moest worden omgedraaid. Als ik nieuwe wielen nodig had, betaalden zij een deel en voor de rest moest ik aardbeien plukken of frietjes bakken. Ik reed toen al koersjes en daarna stond ik in de snackbar zodat ik een helm kon betalen. Het heeft me gevormd. Het is zelfs goed geweest. Je ziet het ook bij andere topsporters. Lance Armstrong is opgegroeid met alleen zijn moedertje, die konden ook maar net rondkomen. Als je het thuis te goed hebt, raak je verwend. Mijn man was er zo eentje. Als hij een nieuwe fiets nodig had, mocht-ie hem gewoon gaan halen. Die wilde er altijd goed uit blijven zien, als hij teveel moest afzien, ging hij een tandje terug.'

Voor Leontien staat het als een paal boven water: vrouwen zijn het sterke geslacht, mannen zijn watjes. 'Een vent die ziek is, is toch verschrikkelijk? Mannen kunnen nergens tegen. Stel je voor dat zij een kind op de wereld zouden moeten zetten, ze zouden gek worden. Vrouwelijke topsporters moeten stukken harder werken voor hun sport. Alleen al om afgetraind te raken, moet je veel meer laten staan. Mannen hebben van nature een lager vetpercentage en meer spieren. **ALS IK IN EEN VOLGEND LEVEN TERUGKOM ALS MAN, MAAR MET HETZELFDE KARAKTER ZOU IK DE STRIJD MET LANCE ARMSTRONG GRAAG AANGAAN. IK DURF TE WEDDEN DAT IK HEM OP ÉÉN BEEN VERSLA, WAT ZEG IK, OP ÉÉN TEEN.** Mijn moeder heeft sterke pootjes, net als ik, en een onvoorstelbare gedrevenheid. Ik kan me nog herinneren dat het bij de tweede tour bijna fout ging. Ik liep negen seconden voor in het klassement, maar ik reed slecht. Dat ik toch won, kwam puur door het karakter van mijn moeder. Ik ben net als zij, ik sterf nog liever dan dat ik het wiel loslaat.'

122 – 140

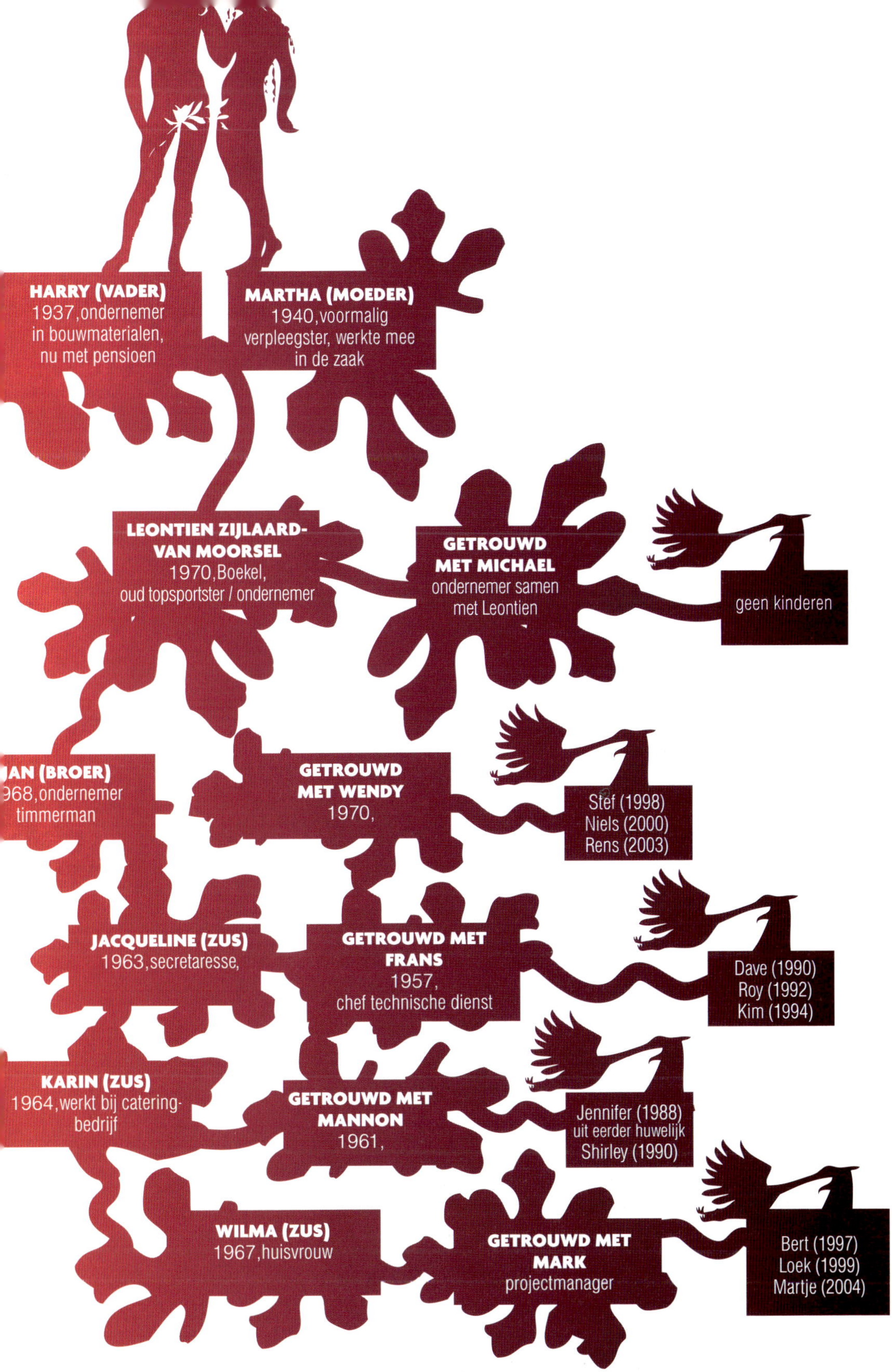
HARRY (VADER)
1937, ondernemer in bouwmaterialen, nu met pensioen
MARTHA (MOEDER)
1940, voormalig verpleegster, werkte mee in de zaak
LEONTIEN ZIJLAARD-VAN MOORSEL
1970, Boekel, oud topsportster / ondernemer
GETROUWD MET MICHAEL
ondernemer samen met Leontien
geen kinderen
AN (BROER)
968, ondernemer timmerman
GETROUWD MET WENDY
1970,
Stef (1998)
Niels (2000)
Rens (2003)
JACQUELINE (ZUS)
1963, secretaresse,
GETROUWD MET FRANS
1957, chef technische dienst
Dave (1990)
Roy (1992)
Kim (1994)
KARIN (ZUS)
1964, werkt bij cateringbedrijf
GETROUWD MET MANNON
1961,
Jennifer (1988) uit eerder huwelijk
Shirley (1990)
WILMA (ZUS)
1967, huisvrouw
GETROUWD MET MARK
projectmanager
Bert (1997)
Loek (1999)
Martje (2004)

BIJZONDERE *ouders*, BIJZONDERE *dochter*

CHAZIA MOURALI

'Ik weiger om iets te doen of te laten om ergens bij te horen.'

'Alles wat mijn ouders weten, waarin ze geloven, hun normen en waarden, hun culturele bagage, hebben ze aan mij meegegeven. Ik ben hun enige kind, daarom heb ik de complete erfenis mogen ontvangen. En dan bedoel ik niet een erfenis in geld, maar een gedachtegoed.'

Chazia Mourali is de dochter van een Tunesische vader en een Nederlandse moeder. Haar vader was journalist en werkte bij de wereldomroep, haar moeder was lerares Frans. 'Zij heet Elise, heeft blond haar en blauwe ogen. Ze heeft mij verboden haar geboortejaar te noemen, dat moet ik respecteren.'

Chazia groeide op de achtste verdieping van een flat in Breukelen op, waar veel collega's van haar vader woonden. Haar bovenbuurman kwam uit Sudan en was na de winter bang dat er nooit meer bladeren aan de bomen zouden komen. Zijn vrouw was Amerikaans, weer andere vrienden waren Syrisch. De Hollandse benedenburen waren pas echt exotisch, want die aten brood met hagelslag en groenten met maïzenapapjes, dat maakte Chazia's moeder nooit. Zij was gewend aan aubergines en van keurig om zes uur eten was geen sprake vanwege de wisselende werktijden van haar vader.

‘RIJKDOM
is in de ogen van mijn ouders
NIET IN GELD UIT TE DRUKKEN,
maar gaat om
WAT JE WEET
VAN DE WERELD.’

Chazia ging naar het gymnasium in Hilversum. Daar zaten kinderen van grootindustriëlen en kinderen wier ouders bij de VPRO werkten. 'Ik zat ertussenin. De meiden van de VPRO vond ik het leukst, hun ideeën strookten met de mijne, maar ik kreeg toch op mijn kop van ze vanwege mijn kleding. Ik borduurde kraaltjes en pailletten op mijn vestjes en dat vonden ze niet goed, ik moest me met de grote zaken van het leven bezighouden. Toen dacht ik: nee, ik ga me niet aanpassen, deze kleding beperkt me niet om vrij te denken. Met alcohol drinken ben ik laat begonnen, ik heb heel lang geen koffie gedronken, nooit gerookt. Ik weet nog dat ik een keer op feestje was en een jongen heel verbaasd zei: "Hoe kan je dan zo leuk zijn?" Alsof leuk zijn zit in wat je drinkt en rookt.'

Hoewel ze het als kind gewoon vond en niet beter wist, is ze internationaal opgevoed. In hun kleine gezin alleen al werden drie culturen vertegenwoordigd. 'Ik ging geregeld naar Tunesië, zag daar een heel ander land en besefte: er is niet een ding, een waarheid, een vorm. Wat ik daaraan misschien over heb gehouden, is dat ik nooit de neiging heb gehad om dingen te doen of te laten om ergens bij te horen. **OP SCHOOL LIEP IK HET ENE MOMENT IN PUNKKLEREN, HET ANDERE IN EEN HOCKEY-OUTFIT.'**

Chazia had alle vrijheid om dingen te doen die ze interessant vond. Ze ging Frans studeren, net zoals haar moeder dat had gedaan. 'Mijn medestudenten begrepen niet waar ik mee bezig was, ze dachten: dat wordt niets met haar. Ik had indertijd een vriend die me onverbloemd vertelde dat hij Frans een kansloze studie vond. Hij was een corpsbal, studeerde rechten, zijn ambitie was rijk en succesvol worden. In de kringen waarin ik opgroeide, werd dat toen nog gezien als ordinair. Mijn ouders vonden het prachtig dat ik zoveel mogelijk kennis van verschillende gebieden vergaarde. Rijkdom was in hun ogen niet in geld uit te drukken, maar ging over wat je wist van de wereld.'

ZO STOUT BEN JIJ

‘IK MIS DE SPANNING VAN ACHT JAAR GELEDEN. ONTDEKKEN, TASTEN, PROEVEN, RUIKEN EN VOORAL WILD VRIJEN.

Toch niet weer een relatie waarbij je nu al weet hoe je leven er over tien jaar uitziet? Tijd om in te grijpen. Laptop aan, op zoek naar erotische hulpmiddelen. Platvloerse, aseksuele pagina’s schieten voorbij.
Teleurgesteld kruip ik naast mijn al slapende partner. ’s Nachts blijft me een gevoel van lichte geiligheid bekruipen en ongemerkt voor mijn partner glijd ik weg in mijn fantasie. Dit vind ik spannend. Betrapt kunnen worden, stil moeten zijn. Na een stiekem, hevig orgasme val ik in slaap.
’s Ochtends op mijn werk heb ik nog steeds een onrustig gevoel. Alles is saai, het roer moet om. Ik grijp mijn tas, roep dat ik een afspraak heb en rij naar Amsterdam. Zelfverzekerd en stralend loop ik uren later met een waanzinnig lingeriesetje in mijn tas verstopt het huis binnen.
Na een paar dagen voorpret weet ik: nu is het zover. Ik trek mijn lingeriesetje aan en wacht op mijn partner. Algauw vrijen we alle grenzen voorbij. Als ik even opkijk, zie ik door het raam de overbuurman, die van onze aanblik geniet. Op het moment dat ik besef dat hij met zichzelf speelt, krijg ik voor het eerst een flinke tik op mijn billen. Ik kom op een geweldige manier klaar. Ik voel mijn partner in me en zie dat ook de buurman zich schokkend ontlaadt.
Dit is wat ik wilde. Ik ga weer ontdekken: mezelf, mijn grenzen en de zijne, maar vooral ga ik genieten.’

'Ik ben 43 jaar, alleenstaand, en werkzaam als secretaresse op een consultancybureau in Amsterdam. Het is een klein kantoor, waar alle collega's het goed met elkaar kunnen vinden. Het bedrijf opereert in de bovenkant van de markt, zoals dat zo mooi heet, en de sfeer is serieus, zakelijk en een tikje formeel. Geen omgeving die erg aanmoedigt tot het hebben van stoute fantasieën, maar ik heb ze wel degelijk.

Een van mijn collega's is Rick. Hij is financieel manager van ons bedrijf. Een slanke, jongensachtige man van midden dertig, ruim een meter negentig, die zich verzorgd kleedt en vaak een praatje en een grapje maakt bij de secretaresses op kantoor. Soms geeft hij me een complimentje over mijn kleding of mijn nieuwe kapsel. Heel af en toe doet Rick een voorzichtige flirtpoging, maar aangezien de bedrijfscultuur er niet naar is, ga ik niet op zijn pogingen in en laat ik hem onverrichter zake afdruipen.

In mijn regelmatig terugkerende fantasie bel ik Rick aan het eind van de vrijdagmiddag en vraag hem langs te komen voor een onnozele vraag over mijn salaris van vorig jaar. Die papieren liggen al in het archief, weet ik, en ik stel Rick voor om ze samen op te zoeken. Om zes uur, een tijdstip waarop de meeste collega's vertrokken zijn, ga ik met Rick naar het archief. Hij gaat mij voor in de kleine ruimte die gevuld is met stellingen vol ordners, dozen en andere troep. Mijn hart bonst als ik de deur achter ons sluit. Ik weet wat er gaat gebeuren, want ik heb alles stap voor stap zorgvuldig gepland en voorbereid. Alleen Rick heeft niet het flauwste vermoeden van wat hem te wachten staat.

Ik hurk voor een stellingkast en steun met mijn linkerknie op de grond. Mijn rechtervoet staat plat op de grond en mijn rechterknie is naar buiten gericht. Hierdoor kruipt het zorgvuldig van tevoren uitgekozen rokje omhoog en worden de randen van mijn leverkleurige kousen en een stuk van mijn dijbeen zichtbaar. Een mooi, egaal lichtbruin bovenbeen waarvoor ik de avond ervoor nog onder de zonnebank ben gekropen. Rick is gehurkt achter mij komen zitten en ik merk aan zijn ademhaling dat de aanblik van mijn benen hem opwindt. Al die tijd is er geen enkel oogcontact, dubbelzinnige opmerking of toespeling geweest. Niets wijst op een spel van verleiding in dit duffe archief, alleen het langzaam prijsgeven van mijn lange benen zorgt nu duidelijk voor een sensuele lading tussen Rick en mij.

"Gevonden?" vraagt Rick op gedempte toon dicht bij mijn oor.

Ik ontplof bijna van opwinding. Ik weet dat mijn seksfantasie over enkele seconden waarheid zal worden en ben slechts één zet verwijderd van showtime, een zet die de laatste terughoudendheid moet wegnemen. Ik doe alsof ik mijn evenwicht verlies en val half achterover op zijn schoot, mijn hand grijpt zijn dijbeen ter ondersteuning.

Ik draai mijn hoofd en kijk Rick recht in zijn ogen. Zijn adem stokt. Ik maak geen enkele aanstalten om van zijn schoot af te gaan en met een wellustige draaikolk in mijn maag wacht ik op wat gaat volgen.

"Ik heb je," fluistert Rick en zijn handen houden me stevig vast om mijn middel. Langzaam zoent hij me op mijn mond, onze tongen kronkelen om elkaar heen. Nog steeds is mijn rug naar hem toegekeerd. Zijn handen verplaatsen zich vastberaden van mijn middel over mijn heupen en naar mijn borsten. Door de stof van mijn blouse kneedt Rick mijn tepels, terwijl hij zijn kruis stevig tegen mijn achterwerk duwt.

Ik voel zijn hete adem in mijn nek en hals, en samen kreunen we zachte geluidjes van genot. Mijn blouse wordt snel opengeknoopt, en zijn vingers weten met een geroutineerd gebaar de voorsluiting van mijn beha los te maken. Blouse en beha hangen nu los om mijn schouders. Zijn handen omvatten mijn volle blote borsten alsof ze de maat nemen, en mijn oorlel wordt een prooi van zijn tanden. Zachtjes bijt en gromt Rick in mijn oor, de briesende hete lucht uit zijn neusgaten bezorgt me kippenvel. Onze bovenlichamen draaien en schuren sensueel langs elkaar heen, verlangend naar meer en meer van dit verboden lekkers. Het liefdesspel wordt jachtiger. We weten nu beiden wat we willen en wat er komen gaat, maar het gevaar van ontdekking speelt in onze hoofden mee.

Spiernaakt door dit archief hollen is geen optie, dus de kleren blijven zoveel mogelijk om het lichaam. Rick beweegt naar voren, waardoor ik van zijn schoot afrol en op mijn knieën op het tapijt kom te zitten. Hij dwingt mij naar voren te leunen, en met mijn handen grijp ik de houten stellingkast beet. Ik hol mijn ruggengraat, kantel mijn bekken zo ver als mogelijk, en gun hem daarmee een riant uitzicht op mijn beide openingen. Het tafereel is binnen een minuut veranderd van een keurige kantoorsituatie in onvervalste porno.

Hartstochtelijk stort Rick zich met zijn mond tussen mijn ronde billen en likt als een bezetene van beneden naar boven. Ik sluit mijn ogen en word gek van wellust als ik mij realiseer dat ik op dit moment op handen en knieën op de vloertegels van een verlaten, op slot gedraaide kantoorruimte, met mijn rok onder mijn oksels en mijn schoenen nog aan, mij zonder gêne laat likken van mijn clitoris tot mijn bilspleet door mijn collega.

Zijn grote handen trekken mijn billen wat uit elkaar, waardoor mijn aarsje beter zichtbaar wordt. Ik voel de slepende beweging van Ricks hete tong langs mijn onderkant langzaam richting sluitspier gaan. Een huivering van genot trekt door mijn gehele onderlijf, als Rick vol overgave en zonder enige terughoudendheid mijn aars tongt, hard en diep weet binnen te dringen en ik de cirkelvormige bewegingen van zijn tong langs de binnenkant van mijn anus voel masseren. Dergelijke handelingen heb ik nog nooit door een bedpartner laten doen. En kijk me nu eens: draaiend en hijgend laat ik alles toe. Ik ben botergeil, geiler dan geil, übergeil.

Ik voel de aandrang om vieze dingen te roepen, dingen die helemaal niet passen bij een vrouw zoals ik: "Neuk me hard, neem me diep! Ik ben je kantoorsletje dat NU genadeloos gepaald moet worden in haar kletsnatte kut!"

Rick bevrijdt zijn immens grote geslacht en staand met de broek op zijn enkels brengt hij me met enkele stoten naar een uitzinnig hoogtepunt. Terwijl ik de toppen van mijn orgasme bereik en mijn bovenlichaam en gezicht woest tegen de kartonnen dozen en ordners worden gebeukt, voel ik de immense ontlading van Rick diep in mij, waarna het resultaat langs mijn dijbeen naar beneden druipt.'

De zon schijnt en heeft mijn huid al lekker opgewonden. Jammer van de witte billen en borsten door het dragen van de bikini, maar dat past wel goed in Italië. Na de ochtend in de zon, heerlijk in bad, mijn nieuwe lingerie aan en de auto in, richting Orvieto. Hij zal toch wel komen? En als hij nou tegenvalt? schiet door mijn hoofd.

Ons navigatiesysteem brengt ons naar het hotel, een met ruime tuin en oude bomen omgeven kasteel. We hebben nog wat tijd en maken geile foto's bij een plaatselijke voetbalclub. Precies om zes uur rijdt mijn man, als volleerd chauffeur, met mij rechts achterin het grindpad van het hotel op. Er rijdt een fünfer voor ons. Mijn man de chauffeur zet de auto op de parkeerplaats en uit de andere auto stapt een keurig geklede zakenman met koffer uit. Ben, mijn date. Hij loopt naar mijn autodeur, zwaait hem open, biedt mij een arm aan en nadat ik ben uitgestapt geeft hij mij een zoen, omarmt me en loopt met mij rechtstreeks naar de receptie.

Het Italiaans windt me op, als er wordt getekend krijgen we een sleutel. Hij is zo charmant en doortastend dat ik al niet meer aan de afgesproken procedure denk. Enigszins beduusd grijp ik in als hij de deur van de hotelkamer achter me op slot doet. Ik stel voor eerst beneden in de salon wat te drinken.

Daar aangekomen gaan we tegenover de chauffeur in het bankstel zitten en negeren hem. We lijken een van de weinige gasten in het chique, met mooi antiek ingerichte hotel. We praten, maar van luisteren komt het niet. Ik wil maar al te graag mijn

kousen aan hem geven. Met de blikken van de chauffeur en Ben op mijn benen gericht, maak ik ze los van de jarretel en geef de kousen aan Ben, die geen minuut verloren laat gaan en mij mee naar boven neemt.

De deur gaat op slot en nu voel ik me veilig als hij mij begint te zoenen. Tongzoenen is intiemer dan genomen worden en hij doet het heerlijk. Hij knoopt mijn blouse open. Ik doe mijn rok uit. Op het bed vrijen we een uur terwijl ik mijn lingerie aanhoud. Hij vindt de tomatenrode kleur van mijn huid en het wit van billen en borsten prachtig en maakt een fotoreportage.

Als de Undressed ergens op de grond ligt, neemt hij mij in iedere stoel en elke plek van de kamer. Ik weet niet hoe vaak ik ben klaargekomen maar ik vraag hem mij een geil Italiaans verhaal te vertellen. Ik doe hetzelfde in het Nederlands. De verhalen brengen mij in alle staten.

Als ik weer enigszins bij zinnen ben, realiseer ik me dat mijn man al twee uur beneden zit. We halen hem op. Ben vraagt hem om bij het raam te gaan zitten. In de stille gang neemt hij mij nog een keer voordat hij mij neukt in het schijnsel van de maan, onder de boom voor het raam waar mijn trouwe echtgenoot getuige is van een romantisch en heel geil liefdesspel. Daarna neuk ik mijn trouwe chauffeur en tongzoenend met Ben bereik ik mijn apotheose.

Als wij een maand later met Ben chatten heeft hij een ernstig ongeluk gehad en ligt hij in het ziekenhuis. Via de webcam hebben we hem, in een ziekenhuis te Rome, getuige laten zijn van onze liefdesdaad. Tongzoenend.

STOUT & succesvol

YOLANTHE CABAU VAN KASBERGEN

'Ik snap rijkdom en ik snap armoede, omdat ik het allebei heb meegemaakt.'

Yolanthe heeft in haar jeugd twee levens geleid. Een luxe leven als de dochter van een Spaanse ondernemer met veel geld en aanzien op Ibiza, en een leven op de rand van het bestaansminimum als de dochter van een alleenstaande moeder in Nederland. 'Ik voel me overal thuis. Of ik nu in St. Tropez ben of in een sloppenwijk, dat maakt voor mij niet uit. Ik snap rijkdom en ik snap armoede, omdat ik het allebei heb meegemaakt.' Yolanthe had een periode waarin ze het geld van haar vader goed had kunnen gebruiken, maar het liever van haar zus leende dan van hem. 'Ik wilde bewijzen dat ik hem niet nodig had, dat ik mezelf kon onderhouden. Dat is gelukt, ik verdien mijn eigen geld. En ik heb mijn zus al het geld voor mijn opleiding terugbetaald.'

Toen Yolanthe haar vader vertelde dat ze actrice wilde worden, zei hij: 'Je man hoort de kost te verdienen, jij niet. Jij hoort je nagels te lakken op het strand.' Yolanthe: 'Dat meende hij serieus. Nu duidelijk is dat ik echt werk, heeft hij al verschillende keren gevraagd waarom ik niet stop met acteren om bij hem op Ibiza te komen wonen. Ik mag een horecagelegenheid van hem overnemen, hij zal dan zorgen dat ik daarbij geholpen word. Dat zou hij prachtig vinden, ja. Als ik bij hem ben, gaat hij uren tegen me aan praten en tips geven, zoals: **GA NOOIT MET EEN MAN NAAR BED OM IETS TE BEREIKEN.** Hij is een knappe, rijke man en hij heeft altijd vrouwen om hem heen die seks gebruiken om dingen voor elkaar te krijgen, maar hij wil niet dat zijn dochter zo is.'

Trouwen met een rijke man is voor vrouwen van oudsher een uitgelezen methode om je schaapjes op het droge te krijgen. Je moet wel bijtijds toeslaan, want na je dertigste wordt deze missie behoorlijk lastig en na je veertigste onmogelijk.

Yolanthe speelt in *Onderweg naar morgen* de rol van *golddigger*. 'Als je uitgaat in Amsterdam zie je veel van die meisjes. Ze zien er bijna allemaal hetzelfde uit met blond, steil haar en siliconen, en ze zijn allemaal op zoek naar rijke mannen. Ze zeggen ijskoud dat ze nooit iets met een tramchauffeur willen, het moet minstens een directeur zijn, een jongen met rijke ouders of een bekende voetballer. Vaak lukt het die vrouwen ook nog om zo'n man in te pakken en er een dure bruiloft, kinderen en zijn creditcard aan over te houden. Zelf hou ik er niet van, maar ik heb respect voor ze. Goed gedaan, ze hebben hun doel bereikt. Ze begonnen met niets, dus ik ben blij voor ze en ik geloof vast dat ze uiteindelijk ook echt van die man gaan houden.'

Yolanthe is dol op kinderen, net als haar moeder. Het liefst zou ze er over een jaar of twee aan beginnen, het enige wat nog ontbreekt, is een man. 'Ik ga ervan uit dat het te combineren is met mijn werk. Op dit moment doe ik vier projecten tegelijk, dat zouden er dan iets minder zijn. Ik kan het makkelijk aan, dat weet ik zeker. Ik kom zelf uit een groot gezin, ik ben wel wat gewend. Mijn stiefmoeder heeft vijf kinderen, als ik in mijn appartement in Spanje ben, neem ik ze allemaal mee en kan zij lekker een weekje chillen.'

MIJN VADER ZEI:

'JE MAN HOORT DE KOST TE VERDIENEN, JIJ NIET. JIJ HOORT JE NAGELS TE LAKKEN OP HET STRAND.'

Yolanthe's vader ziet liever dat ze vandaag aan kinderen begint dan morgen. 'Hij zegt dat er straks misschien geen trein meer langskomt en dat ik nu moet instappen. Als ik een man wil, moet ik hem kinderen schenken, want daarmee verzeker ik mezelf van een goede toekomst met veel familie.'

Op dit moment is er geen man in haar leven. 'Ik ben nu niet verliefd, maar als ik echt verliefd word, weet ik dat ik me honderd procent zou geven, net als mijn moeder. **IK ZOU VOOR DE LIEFDE GAAN, MIJN CARRIÈRE VAN DE ENE OP DE ANDERE DAG KUNNEN OPGEVEN EN DESNOODS NAAR EEN ANDER LAND VERHUIZEN.** Dat heb ik in me, dat is heel gevaarlijk, ik vind het ook eng aan mezelf, maar ik weet dat het waar is. Daarom begrijp ik mijn moeder ook zo goed. Ik ben eigenlijk hetzelfde.'

DAPHNE BUNSKOEK

'Ik ben niet principieel tegen trouwen, maar wel tegen financiële afhankelijkheid.'

'Bij vrouwen heeft hun carrière veel meer te maken met uiterlijk dan bij mannen. Dat stoort me, al doe ik er net zo hard aan mee. Je ziet het in de televisiewereld ook, het zijn de presentatrices die in een sexy pose op de cover van FHM gaan staan, die naakt poseren in *Playboy*, die desnoods op het strand in bikini hun nieuwe programma aanprijzen. Presentatoren hoeven dat allemaal niet te doen.'

Mannen gaan heel anders met hun werk om, vindt Daphne. 'Wij trekken ons veel meer van kritiek aan dan mannen. Ik tenminste wel. Als ergens in een blad staat dat je er niet uitziet of dat je iets niet goed hebt gedaan, dan ben ik echt van streek. Soms wel een week lang. Een man kan dat soort dingen veel makkelijker naast zich neerleggen. Die is veel meer van zichzelf overtuigd.'

Ze is zich er in de loop der jaren steeds meer van bewust geworden dat ze een pleaser is. Ook een typisch vrouwelijke eigenschap, Willeke Alberti kan erover meepraten (zie pagina 101). Daphne: **'DE DINGEN DIE IK ONDERNEEM, KOMEN VAAK NIET ECHT UIT MEZELF, UIT EEN EIGEN OVERTUIGING, PASSIE OF TALENT.** Ik doe ze om het anderen naar de zin te maken, om een schouderklopje te krijgen, om te horen: dat heb je goed gedaan. Daarom ging ik ook studeren, om bewondering af te dwingen, niet zozeer omdat ik een passie had voor de studie die ik deed. Ik vind het moeilijk om nee te zeggen, om op mijn strepen te gaan staan, ik ben gauw geneigd om te denken dat anderen het vast beter zullen weten dan ik. Mannen hebben dat niet, die nemen zichzelf veel serieuzer, die hebben er geen enkele moeite mee om zichzelf tot Midden-Oostendeskundige te benoemen, op tv te gaan en "de situatie in het Midden-Oosten" in anderhalve minuut uit de doeken te doen. Vrouwen zijn veel meer geneigd hun eigen vaardigheden en intelligentie te bagatelliseren, zo van: "Ach, wie ben ik om daar iets over te zeggen?" Toen ik bij de televisie begon, dacht ik: daar zullen wel allemaal ontzettend slimme mensen zitten, maar tot mijn stomme verbazing blijkt Hilversum bol te

staan van allerlei omhooggevallen mannetjes, die helemaal niet bijzonder slim of vaardig zijn en die hun gebrek aan talent moeiteloos compenseren met een grote mond en een ronduit verbijsterende mate van zelfoverschatting.'

Daphne heeft het gevoel dat ze nog maar aan het begin van haar carrière staat. Ze heeft alle ruimte om haar vleugels uit te slaan. Ze verdient haar eigen geld, heeft een vriend, maar is niet getrouwd en heeft geen kinderen. 'Misschien is dat mijn stille protest tegen de door mannen gedomineerde maatschappij. Ik ben onafhankelijk, er is geen trouwring en geen baby die mij in de ondergeschikte positie dwingen die vrouwen doorgaans gelaten innemen. Voorlopig blijft dat zo. Ik ben niet principieel tegen trouwen, maar wel tegen financiele afhankelijkheid.'

Ze heeft nog niet alles uit zichzelf gehaald, maar dat zal zeker gebeuren. 'Ik ben op reis naar mijn kern. Net als Peer Gynt zie ik mezelf als een ui, waar ik steeds meer laagjes vanaf aan het pellen ben. Tijdens dat proces zal ik er vanzelf achter komen wie ik werkelijk ben en wat ik werkelijk kan. Mijn beste tijd moet nog komen. Als ik niet meer wil pleasen, als ik me minder aantrek van wat anderen van me vinden, als ik meer voor mezelf durf op te komen, dan zal het echt gebeuren. Dan komt het programma waarin ik me helemaal thuis voel en waarin mijn talent tot bloei kan komen. En dan zal ik het doen omdat ik het zelf wil, niet voor anderen.'

‘FLIRTEN GAAT LAAG VOOR LAAG, *het is een mooi ding op zichzelf. Ik herinner me niet geconsumeerde gesprekken die soms duizelingwekkender waren dan wel geconsumeerde nachten. Je hebt blikken die kunnen doden en blikken die je tot leven kunnen wekken. Er zijn vrouwen die excelleren in een soort berekenende koketterie, die het flirten misbruiken om iets gedaan te krijgen. Die hoor je op de werkvloer heel bewust tegen hun baas zeggen: "Goh, ik vind dat zó knap van je."* **GEEF DE HOND EEN KOEKJE EN HIJ GAAT ZIJN KUNSTJE DOEN. DAT IS NIETS VOOR MIJ.’**

CHAZIA MOURALI

Chazia is hoogzwanger en straalt zoals alleen een vrouw die voor het eerst een kind verwacht kan stralen. Ze is verbaasd en verheugd over het wonder van het beginnende leven dat ze met zich meedraagt. Zal het blauwe ogen krijgen of bruine, zal het brutaal zijn of verlegen, aanhankelijk of op zichzelf? Een heilig, pre-moederlijk aureool hangt beschermend om haar heen. Ze heeft nog niet aan den lijve ondervonden hoe het brutale wonder met blauwe ogen zich straks een weg naar buiten zal banen. Nog niet. Chazia is met recht in blijde verwachting.

Ze beweegt misschien iets trager, maar praat nog net zo snel. ‘Ik voel me geweldig. Ik doe leuk werk, heb een man op wie ik verliefd ben, er gebeurt iets wonderbaarlijks in mijn buik waarover ik elke week een column mag schrijven, ik ben net terug uit Zuid-Frankrijk en zit nu met twee inspirerende vrouwen een gesprek te voeren over het leven. Alles kan je ieder moment ontnomen worden, dat besef ik, maar dit is toch gigantisch?’

Ze heeft net een artikel gelezen in *Jackie* dat haar nogal teleurstelde over de instelling van sommige vrouwen. ‘De strekking was: vrouwen, doe toch niet moeilijk als het makkelijk kan. Je kunt rijk worden door juiste man te kiezen en voor je het weet lig je in Cannes met een diamant aan je vinger. Ik dacht meteen aan de schrijfster Simone de Beauvoir die stelde dat ieder mens een eigen leven heeft, een eigen kans om dat in te vullen en dat het zonde is om dat niet te doen.’

Het is ook zo weinig romantisch, vindt ze. ‘Wat ik graag wil denken, is dat de verstandhouding tussen een koppel gebaseerd is op liefde. Of op zijn minst op een gevoel dat overeind blijft als de man failliet gaat, de Ferrari weg moet en jij met je diamant bij de lommerd staat.'

Ze ziet het vaker om zich heen, ze signaleert een nieuwe, reactionaire stroming met als motto waarom-moeilijk-doen-als-het-makkelijk-kan?

'In videoclips kronkelen halfblote meisjes om grote, zwarte mannen met gouden kettingen heen. Er worden tv-series gemaakt over voetbalvrouwen en Gooische vrouwen. Vroeger konden vrouwen niet erven, mochten ze geen bezittingen hebben en leefden zij hun hele maatschappelijke bestaan via hun man. Nu hebben we de mogelijkheid om zelf dingen te ondernemen, dus zou ik zeggen: geniet van die vrijheid. Zie je studie niet als iets wat je moet doen om geld te verdienen, zie het als een briljante kans die veel vrouwen en meisjes in de wereld dolgraag zouden willen hebben. **IN "MOEILIJK DOEN" LIGT DE MOGELIJKHEID OM JE DROMEN WAAR TE MAKEN, JE EIGEN WEG TE VINDEN,** dat je daarbij af en toe tegenstand ontmoet, is het meer dan waard als je het resultaat proeft.'

Over de vraag hoe ze haar carrière gaat combineren met het moederschap heeft ze nog niet wakker gelegen. 'Wat ik nu heel erg voel is een nieuw, enorm gevoel van nederigheid. Je kunt je niet anders dan klein voelen tegenover het ongelooflijke dat gaande is in mijn buik. Ik heb de verplichting er goed voor te zorgen, ik ga straks een nieuwe manier van liefhebben ervaren. Dat vind ik groot en romantisch, daarover ben ik meer aan het nadenken, dan over hoe ik mijn tijd ga indelen.'

Ze heeft het gevoel dat het allemaal wel goed zal komen. 'Marc is arts, zorgzaamheid zit bij hem

ingebakken. Toen ik hem net een maand kende, werd ik ziek en heeft hij fantastisch voor me gezorgd. Wat mezelf betreft geloof ik in en-en, niet in of-of. Dat heb ik altijd gedaan. Een leven in de stad en een buitenhuis in België. De Gay Parade en het een doopfeest van het kind van de Belgische buren. Ik neem aan dat moeder én werkende vrouw zijn me ook zal lukken. Ik heb geen baan van negen tot vijf, er zijn genoeg mogelijkheden. Alleen als ik straks nog eens een interview aan jullie geef, heb je de kans dat er een Maxi-Cosi naast me staat. Wist je trouwens dat burn-outs vaker voorkomen bij alleenstaande vrouwen zonder kinderen, dan bij werkende vrouwen met kinderen? Blijkbaar zijn kinderen goed om je leven in balans te houden.'

RENATE VERBAAN

'Ik vond het altijd verschrikkelijk om te vertellen dat ik fotomodel was. Mensen zagen het niet als een volwaardig beroep. **IK WAS DE VRIENDIN VAN WINSTON, HAD BLOND HAAR EN MAATJE 36, DUS IK WERD PER DEFINITIE WEGGEZET ALS DOM EN NIETSZEGGEND.'**

Renate Verbaan werkte vanaf jonge leeftijd als model en reisde daarvoor de hele wereld over. Ze sierde de covers van vele internationale bladen.

'Vooroordelen over modellen zijn onuitroeibaar. Ik voelde me altijd in de verdediging gedrongen en had geen zin om telkens hetzelfde riedeltje te moeten afdraaien, zo van: ja, ik ben model, maar ik ben ook slim en ik lees heus weleens een boek. Zelf weet ik heel goed wat mijn sterke kanten zijn en wat ik daarmee kan doen. Ik ben altijd een zakelijke tante geweest.'

Haar grootste talent noemt ze haar inzet van 120%. 'Als ik een klus moet volbrengen, ga ik er vol voor. Ik loop er nooit de kantjes vanaf. Mijn talent is niet dat ik makkelijk praat voor een camera, het is de keiharde voorbereiding die eraan vooraf gaat. Ik weet altijd waar ik heenga met een verhaal. Het is nooit: ik ga er staan en doe maar wat.'

Ze noemt zichzelf een perfectionist in alles. **'HOE ONS HUIS ERUITZIET, HOE IK MIJN WERK DOE, HOE IK ERUITZIE, HOE IK MET MENSEN OMGA, IK BEN IN ALLES EEN ENORME PERFECTIONIST,** tot vervelens toe voor mezelf. Het is af en toe doodvermoeiend. Tegenover dat perfectionisme staat mijn onzekerheid. Door dingen tot in de puntjes voor te bereiden, zorg ik ervoor

'MIJN UITERLIJK IS VOOR MIJN WERK HEEL BELANGRIJK.

IK BEN AL ZEVENENTWINTIG JAAR

en heb een ander lijf dan toen ik achttien was, maar het is nog niet zo ernstig dat ik met een plastisch chirurg mijn lichaam ga doornemen.'

dat ik de controle houd. Helaas kan dat maar tot op zekere hoogte. Mijn beroep brengt een hoop onzekerheden met zich mee. Het is niet aan mij om te bepalen of ik op televisie kom of dat ik een programma krijg komend seizoen. Nu ik ben overgestapt van TMF naar RTL5 zal ik me opnieuw als presentatrice moeten bewijzen. Dat betekent mijn stinkende best doen en laten zien dat als ik iets doe, het goed gebeurt.'

Renate presteert voor haar werk geregeld onder grote druk. 'Neem het presenteren van de TMF Awards. Ik was het jaar daarvoor door de kijker gekozen tot de nieuwe vj van de zender en het jaar erop stond ik in een bomvol Ahoy de hele show aan elkaar te lullen. Dat was een enorme uitdaging. Ik moest de teksten maken, er zouden veel mensen naar kijken, er was veel media-aandacht. Als ik op dat moment niet goed had gepresteerd, had ik wat ik in een klein jaar aan credits had opgebouwd volledig kunnen verspelen. Reken maar dat dat voortdurend in je kop zit als je ermee bezig bent. Gelukkig ging het top, ik stuiterde die dag van de adrenaline. **AAN HET EINDE VAN DE LAATSTE PRESENTATIE LIEP IK VAN HET PODIUM AF EN BEGON IK KEIHARD TE HUILEN, ALLE STRESS KWAM ERUIT.** De volgende dag kon ik in de krant lezen dat het werd gewaardeerd, die bevestiging, daar ben je naar op zoek en het is fijn om te horen dat je het goed hebt gedaan. Dan zet ik denkbeeldig een kruisje achter mijn naam, zo van: check, dat kan ik ook.'

Ze noemt zichzelf een dominant type. 'Als kind al nam ik graag de leiding in groepjes. Ik manipuleerde niet, maar ik zei wel: we kunnen het beter zo doen en dan gebeurde dat. Op mijn werk kan ik echt een feeks zijn. Ik kies niet altijd de meest charmante manier om iets te zeggen, ik ben nogal direct en kort door de bocht, maar wat ik zeg, is altijd wel ergens op gebaseerd. Mijn collega's pikken het, omdat ze weten dat ik keihard werk en dat ik het niet zeg om de baas te spelen.'

Renate en haar vriend Winston werken allebei fulltime. Het komt geregeld voor dat de een slaapt als de ander in bed stapt en dat ze elkaar 's ochtends ook weer mislopen. **'SOMS LEEF JE EEN TIJDJE LANGS ELKAAR HEEN, DAT IS DAN EVEN NIET ANDERS.** We hebben nog geen kinderen, we hebben nog niet eens vastgesteld wanneer we eraan willen beginnen, maar het is weleens onderwerp van gesprek. Dan zeg ik: je denkt hopelijk niet dat ik vanaf dat moment thuis ga zitten met de kinderen, zodat jij de hort op kan, er moet wel een samenwerking zijn. Hij hoeft geen brave huisvader te worden, maar ik verwacht wel dat hij zijn kinderen ook op sleeptouw neemt en er dingen voor inlevert.'

De eerste paar jaren zal de verzorging vooral op haar neerkomen, verwacht Renate. 'Een kind hecht zich altijd meer aan zijn moeder, het is belangrijk om die binding te hebben. Ik denk dat ik er minimaal drie jaar voor uittrek. Ik heb niets tegen vrouwen die hun kinderen naar de crèche brengen, maar als ik het anders kan oplossen, doe ik dat liever. Na een jaar of zo zou het best af en toe naar mijn moeder kunnen, zodat ik weer wat projecten kan oppakken. Wat er ook gebeurt, als we een kind krijgen, ga ik het niet fulltime elders onderbrengen. Het moet wel leuk blijven. Dat vind ik bij alles. Ik kan een streber zijn en heel fanatiek in wat ik aanpak, maar de *bottom line* is dat ik mezelf niet voorbij wil lopen en geen dingen wil doen die tegen mijn natuur indruisen. **MIJN CARRIÈRE IS NIET ZALIGMAKEND, MIJN EIGEN GELUK IS BELANGRIJKER.'**

'STEL, JE BENT EEN WERKENDE VROUW. JE BENT AL IN GEEN TIJDEN AANGERAAKT. *Je hebt geen zin om te daten of met iemand uit eten te gaan of dat soort onzin. Dan kan ik me goed voorstellen dat je betaalt voor een seksuele schoonheidsbehandeling. In een relaxte ruimte* **MET EEN GESPIERDE GOZER DIE JE** *van top tot teen masseert en die je aan het einde* **TRAKTEERT OP EEN HAPPY FINISH.'**

FATIMA MOREIRA DE MELO

'Aan de ene kant ben ik geëmancipeerd en doe ik waar ik zin in heb, aan de andere kant vind ik het leuk om er sexy uit te zien. **IK BEN EEN SERIEUZE SPORTVROUW ÉN GEËMANCIPEERD ÉN EEN LUSTOBJECT.** Het klinkt tegenstrijdig, het zijn dingen die niet samen lijken te gaan, maar voor mij gaan ze dat wel.'

Fatima wil veel en doet veel. Ze hockeyt op topniveau, geeft clinics, ze is meester in de rechten en zangeres. 'Op zich kan ik leven van hockey. Het is niet zoals bij het voetbal dat ik er rijk van word, maar ik krijg extra verdiensten door sponsorcontracten en andere nevenactiviteiten. Ik was een van de eersten die daar actief mee aan de gang is gegaan. Mijn naam en gezicht zijn op dit moment verbonden aan verschillende merken, die contracten heb ik samen met mijn zaakwaarnemer uitonderhandeld. Als je in het Nederlands hockeyelftal zit, krijg je zeventig procent van het minimumloon. Daarnaast krijg je geld van je club, dat zijn geen gigantische bedragen, dat wordt nooit een ton per jaar. Er zit niet zoveel geld in de hockeymarkt, het is helaas nog geen volkssport.'

Fatima regelt haar eigen zaakjes en is daar in de loop der jaren heel bedreven in geworden. 'Als iemand met een plan op me af komt, ben ik heel zakelijk. Ik ben snel geënthousiasmeerd, maar ik wil wel fatsoenlijk betaald worden. Soms heb ik het gevoel dat je als vrouw niet te hard mag zijn, je moet dingen uit compassie doen, anders word je gezien als een bitch. Maar ik ga niet voor een boekenbon het halve

land doorreizen om clinics te geven aan kinderen die het heel goed hebben. Dat vind ik onzin.'

Ze merkt dat veel meiden uit haar team het moeilijk vinden om voor hun eigen belang op te komen. Daar heeft Fatima geen last van. 'Ze hebben me bij de viering van mijn tweehonderdste interland op hilarische wijze nagedaan. Gingen ze voordoen hoe ik met mijn sponsor bel om te zeuren over een stick die ik niet mooi vind of om te zeggen dat ik meer geld wil. Het is waar, ik ben direct, maar wel eerlijk. Als ik een goede aanbieding krijg van een andere sponsor, dan laat ik dat weten en zeg ik dat voor mij het beste is om met die ander in zee te gaan.'

Voor Fatima is weinig te dol. Ze deed een weinig verhullende bikini-shoot voor een mannenblad, ze ging ter promotie van een kledinglijn met alleen haar schoenen aan in een schuimbad zitten, ze heeft een eigen website die meer doet denken aan de site van een fotomodel dan die van een hockeykampioene. 'Ik ben heel vrij en vind bijna alles prima, maar dat wil niet zeggen dat ik overal aan zou meedoen. Tijdens het WK heb ik met verbazing zitten kijken naar dat lingerie-voetbal op tv. Meiden die in hun beha strafschoppen staan te nemen en niet kunnen voetballen ook. Ik vond het vrouwonterend en, hoe zal ik het zeggen, weinig beschaafd. Misschien is het mijn leeftijd, want die jonge meiden uit mijn team vonden het geweldig. Die zeiden: "Lachen man, ik zou het zo doen." Het was een slimme formule, dat dan weer wel, want er werd massaal naar gekeken.'

Natuurlijk is ze gevraagd door *Playboy*, maar ze heeft geen ja gezegd. 'Mijn oma reageerde wel grappig. Zij is negentig jaar, komt uit een heel ander tijdperk, maar zei gelijk: "Kind, dat moet je doen." Ik denk niet dat ik het ga doen, ik vind de schaamstreek best intiem. **ALS JE HET DOET, MOET JE *ALL THE WAY* GAAN. DAN MOET JE ECHT IETS LATEN ZIEN, BIJ WIJZE VAN SPREKEN MET EEN BANAAN OP HET AANRECHT GAAN ZITTEN,** in plaats van een semi-naakte shoot waarbij er zo min mogelijk nadruk ligt op de echte intieme delen. Het moet mannen opwinden, de hoofdredacteur noemt het verleiden zonder seks. Als ik er een duizelingwekkend vermogen voor zou krijgen, zou ik er misschien nog eens over nadenken. En met een vermogen bedoel ik echt veel geld, niet vijftigduizend euro of zo. Wat kun je daar nou helemaal van doen? Het is snel verdiend, oké, maar **IK VERDIEN HET LIEVER MET MIJN GEZICHT EN MIJN HERSENEN DAN MET MIJN PRIVATE PARTS.'**

CLAUDIA DE BREIJ

Vrouwen die echt doen wat ze willen, zijn nog steeds dun gezaaid, vindt Claudia de Breij. Ze ziet weinig vrouwen die kiezen voor een stoutmoedig bestaan, bijvoorbeeld zonder man of kindjes of met een flitsende carrière terwijl het kroost elders geparkeerd is. 'Je zou zeggen dat het inmiddels normaler zou zijn, maar dat is het niet, anders hadden jullie dit boek ook niet hoeven maken. Hoe geëmancipeerd iedereen ook denkt te zijn, zodra er kinderen komen, zie ik dat de verzorging meer op de vrouw neerkomt dan op de man. Ik heb de stille hoop dat het bij mij gaat helpen dat ik met een vrouw ben getrouwd. Een ding is zeker, als ik moeder word, zal ik niet met mijn carrière stoppen. Nu vind ik carrière een rotwoord, het doet me denken aan mantelpakjes en glazen plafonds. De juiste term voor wat ik doe moet nog worden uitgevonden. Zeggen dat ik kunstenaar ben, kan ik alleen voor de grap, maar wat ik doe komt wel voort uit de drang om iets te maken, of dat nu een voorstelling is, een liedje of een tv-programma. Als ik dat niet meer mag doen, begraaf me dan maar.'

Claudia was een voorlijk kind. Ze zat haar hele jeugd vooral binnen en verslond boeken. Toen ze zich op haar zesde in het leven van Ghandi begon te verdiepen, besloot haar moeder bepaalde boeken voor haar te verstoppen. '**ALS IK MIJ ALS KIND HAD GEHAD, WAS IK ERMEE NAAR DE DOKTER GEGAAN.** Alle meisjes in mijn klas hielden van paarden, behalve ik. Ik wilde schrijven en dat deed ik ook, dagboeken vol, al van jongs af aan. Op de middelbare school stond ik voor het eerst op het podium. Het was tijdens de musical, ik was een jaar of zestien. Ik merkte dat mensen om me moesten lachen, dat ik kon improviseren en verhalen kon vertellen met een clou. Het was als thuiskomen voor me, ik ben er vanaf dat moment niet meer mee opgehouden.'

Ze ziet zichzelf als een halve jongen. Als ze zich heel vrouwelijk uitdost heeft ze het gevoel dat ze een meisje speelt, niet dat ze een meisje is. 'Ik doe altijd dingen die ik niet associeer met vrouwelijkheid. Zoals achter een toetsenbord zitten en dingen verzinnen. Toen ik nog rookte, zat ik met een sigaret in mijn mondhoek te tikken en voelde ik me helemaal Hemingway. **LAATST ZAG IK ONZE STOFZUIGER EN DACHT IK: VERREK, HEBBEN WIJ EEN GRIJZE STOFZUIGER? KUN JE NAGAAN HOE VAAK DAT DING DOOR MIJN HANDEN GAAT.'**

Het maakte haar vader niets uit wat ze zou worden, als ze haar stinkende best maar deed. Zijn credo was: 'Al word je putjesschepper, maar dan word je wel de beste putjesschepper van de wereld.' Ze werd geen putjesschepper, ze koos voor cabaret. In 1996 ging ze met twee bevriende muzikanten de boer op. 'Wij zijn van ver gekomen. Kleine rukzaaltjes, impresariaten die ons niet wilden hebben, mislukte voorstellingen, echt heel droef, we hebben het allemaal meegemaakt. En toch volhouden, onbetaald. Ik kreeg tenminste nog applaus, die mannen kregen niks. Op een gegeven moment zei mijn vader: "Word nou maar journalist, dat is een eerbaar beroep en daar kun je ook geld mee verdienen, dan ben je minder kwetsbaar." Dat legde ik naast me neer, ik ben nooit voor zekerheid gegaan of voor de veilige weg. Rogier, Sander en ik zijn steeds blijven vasthouden aan

‘DIE SCHOENEN DIE JIJ AAN HEBT, MARLIES, DIE HEB IK OOK. GEWELDIG ZIJN ZE, HÈ, EEN GROTE GRAP.
Ik zag ze in een winkel en ik dacht:
DIE ZIJN ZÓ ERG, DIE MOET IK HEBBEN.

O, jij vindt het geen grap, jij vindt ze echt mooi? Ja, ik vind ze ook mooi en de prijs was zeker geen grap, maar ik bedoel: daar ga je toch niet serieus op lopen met die enorme C op de ene schoen en die enorme D op de andere? Ik vind het een giller, wat jij? Jij niet. Voor jou is het kunst. Eh… oké. Een statement zelfs? De helft van mijn vrienden zou dat statement niet begrijpen, want die hebben geen idee waarvoor die afkorting staat. Goh, ik vind het wel stoer dat jij ze serieus durft te dragen. Ik zou ze alleen aantrekken in een gezelschap waarvan ik zeker wist dat ze de knipoog zouden begrijpen, zo van: kijk mij nou, ik ben een meisje, ik heb schoenen van Dior, ik ben helemaal AbFab vanavond.’

wat we wilden. Ik denk dat dat het verschil heeft gemaakt. Talent op zich is niets. Er zijn genoeg getalenteerde gitaristen. Het gaat erom wat je ermee doet, of je het lef hebt om ermee te doen wat je werkelijk wilt doen, om naar het conservatorium te gaan, een eigen stijl te kiezen en daaraan vast te houden. Een jaar of zes, zeven geleden speelde ik een voorstelling in een kleine zaal. Mijn vader kwam na afloop naar me toe en zei: “Nu geloof ik erin. Ik zag niet alleen mijn dochter, ik zag een persoonlijkheid op dat podium staan.” Vond ik groots van hem, om dat toe te geven.’

Ze heeft momenten van twijfel gekend, ze heeft geploeterd in achterafzaaltjes, ze heeft staan kotsen van de zenuwen in de coulissen en gelukkig maar, want juist op die momenten groeide ze en werd ze beter. Hoe hard ze ook heeft gewerkt, ze heeft niet het gevoel dat ze iets heeft moeten opgeven of inleveren voor haar succes. ‘Al dat geneuzel over hoe moeilijk het is om werk en een privé-leven te combineren, hou toch op. Ik ben niets kwijtgeraakt, ik heb alleen maar gewonnen. Ik werk me de pleuris om te kunnen doen wat ik wil en geen dingen te hoeven doen die ik niet wil, zoals stofzuigen. **EEN LEVEN ALS HUISVROUW KAN IK ME GEWOON NIET VOORSTELLEN. ALS JE ZOU ZEGGEN, DAT WORDT JE LEVEN, RAAK IK IN PANIEK.** Ik heb respect voor mensen die traditioneel leven met kinderen, honden en appeltaart, maar mij zou het huilen nader staan dan het lachen. De middelmatigheid ervan vind ik verschrikkelijk. Kennelijk vind ik het heel belangrijk ergens bovenuit te steken.’

LEONTIEN VAN MOORSEL

'Met snot voor mijn ogen en mijn tong uit mijn mond'

'Op dit moment sport ik nog maar weinig, ongeveer anderhalf uur per dag. Dat kan hardlopen zijn, spinning of crosstraining.' Leontien lacht als ze onze grote ogen ziet. Máár anderhalf uur per dag, de meeste vrouwen voelen zich al een hele piet als ze elke maandagavond een uurtje aan poweryoga doen. Tijdens de les lurken ze om de drie minuten dorstig aan een literfles water en ze hebben altijd een handdoek om hun nek, zelfs als ze geen druppel zweet produceren.

'Voor mij is het gewoon even lekker bezig zijn. **IK BEN VERSLAAFD AAN SPORT EN IJDEL, DIT IS WAT IK MOET DOEN OM MIJN FIGUUR TE HOUDEN ZOALS HET NU IS.** Het klinkt voor jullie misschien raar, maar ik kom van vier tot zes uur per dag af, dan is anderhalf uur echt niet veel.'

Leontien begon op jonge leeftijd met de wielersport. 'Ik had een slechte motoriek, net als mijn broertje. Hij wilde op voetbal, maar de artsen zeiden dat hij beter op wielrennen kon gaan. Mijn oudere zussen wilden niet op me passen, daarom ging ik met mijn broertje mee. Mijn moeder vroeg of ik het ook eens wilde proberen. Ik mocht op het fietsje dat voor hem te klein was geworden. Acht jaar was ik toen ik met wedstrijdjes begon. Op mijn eerste wielerfoto straalt de gedrevenheid er al vanaf, met snot voor mijn ogen en mijn tong uit mijn mond. Mijn nichtje heeft ook een tijdje gefietst. Als ik dan langskwam, ging ze heel kittig rechtop zitten en uitgebreid zwaaien: "Joehoe, tante Tinus, hier ben ik!" Die had een heel andere sportbeleving. Ik zag en hoorde niets om me heen als ik op de fiets zat.'

Op school was Leontien geen uitblinker. De huishoudschool haalde ze met zesjes. 'Ik heb daarna een paar jaar lopen klooien. Ik fietste wel, maar leefde niet echt als een topsporter. Als bijbaantje vulde ik vakken in de supermarkt. Intussen waren mijn ouders failliet gegaan, mijn vader kwakkelde met zijn gezondheid, om mij toch te laten fietsen, moesten zij offers brengen. Na twee jaar ging er een knop om in mijn hoofd. Ik besefte: als ik iets van mijn leven wil maken, moet ik serieus met mijn sport aan de gang.'

En dat deed ze. Leontien won in haar wielercarrière alles wat er te winnen viel. Eén keer wereldkampioen was niet genoeg, ze werd het negen keer, ze won twee keer de Tour, vestigde het werelduurrecord dat nog ongebroken is, ze won vier gouden medailles bij de Olympische spelen, ze schijnt een vleugel aan haar huis te hebben gebouwd om al haar bekers te kunnen opbergen. In haar geboortedorp Boekel staat een standbeeld voor de 'beste Nederlandse wielrenster aller tijden', want daartoe is ze officieel verkozen. Ze is een levende legende. Dat haar prestaties grote indruk op ons hebben gemaakt, dat we ons zelfs vereerd voelen dat ze in ons boek wil, vindt ze in alle eerlijkheid een beetje gek.

'Dus jullie zijn trots op me? Nou, dat is dan mooi. Het gebeurt me wel vaker, hoor, dat wildvreemde vrouwen me om mijn nek vliegen, me ongevraagd op beide wangen zoenen en roepen dat ze me geweldig vinden. Ik weet dan nooit zo goed wat ik moet zeggen. Het is niet zo dat ik voor die vrouwen heb gefietst. Ik vind het natuurlijk fijn dat het wordt gewaardeerd, maar ik heb het voor mezelf gedaan. **EN IK BEN TROTS OP MEZELF, ABSOLUUT. ALLES WAT IK ACHTER MIJN NAAM WILDE HEBBEN STAAN, HEB IK GEHAALD.** En vaak met plezier. Vooral de trainingsdagen waren fijn. Dan was ik zes uur lang lekker buiten aan het fietsen en als ik langs al die kantoren kwam waar mensen binnen achter de computer zaten, dacht ik: wat een topleven heb ik.'

Leontien besefte dat het einde van haar carrière naderde toen ze steeds meer moeite kreeg met de offers die een topsporter nu eenmaal moet brengen. 'Vanwege de zware trainingen kon ik niet bij de verjaardagen van mijn neefjes zijn. Als ik wel ging, moest ik altijd om tien uur weg, terwijl ik eigenlijk wilde blijven. **IK WERD DIE LAATSTE JAREN STEEDS MEER MENS EN DAN VOEL JE DAT HET EINDE ERAAN KOMT.** Ik ben blij dat ik afscheid heb genomen. Het wielerwereldje is klein, je ziet steeds dezelfde mensen, je hebt weinig sociale contacten en je doet elke dag hetzelfde. Nu doe ik alleen nog maar wat ik leuk vind, het is een verademing.'

Zoals breeduit in de kranten heeft gestaan, willen Leontien en haar man graag kinderen, maar is het nog niet gelukt. 'Ik ben even zwanger geweest, dus het werkt allemaal wel,' constateert ze droog. 'Op zich is dat al een meevaller, want ik ben nooit zuinig op mijn lichaam geweest.' Als ze moeder mag worden, wil ze parttime gaan werken. Een uurtje of twintig lijkt haar wel wat. Ze verwacht dat haar man een betere papa wordt dan zij mama. 'Hij werkt nu tachtig uur per week, maar heeft al gezegd dat hij best een dag wil inleveren. In feite hebben we al een kind, hè? Dat is Moppie, ons mopshondje. We zijn alle twee helemaal gek op dat beestje. Ik heb smetvrees gehad, maar Moppie mag alles. Hij slaapt tussen ons in en als we uit eten gaan, krijgt-ie ook een biefstukje. Iedereen zegt dat het anders wordt als ik straks een kindje krijg, maar dat geloof ik niet. Moppie blijft mijn moppie. En ik ben ook niet bang dat-ie het kindje kwaad zal doen, ben je gek. Het is een mopshond, die zijn zo sloom. Als je tweehonderd meter met hem loopt, kijkt-ie je aan van: mogen we nu terug? Moppie is te moe om te bijten.'

ANITA WITZIER

'WAT DE EMANCIPATIE VOORAL HEEFT OPGELEVERD IS DAT IK IN MIJN JARRETELS MET ALLEEN EEN SCHORTJE AAN EN OP HOGE HAKKEN VOOR MIJN MAN KAN STAAN KOKEN, OMDAT HIJ EN IK DAT PRETTIG VINDEN. Zo heb ik het ooit aan mijn schoonmoeder uitgelegd. Niet dat ik het echt zou willen, dat geneuzel met die dingen vind ik niks, het gaat om de keuzemogelijkheid.'

Anita roemt de zegeningen van de emancipatie, waardoor ze in staat is een succesvolle carrière te combineren met het moederschap. Het ene moment presenteert ze een live programma op televisie, het volgende staat ze een appeltaart te bakken.

'In mijn werk is het hollen of stilstaan. Soms zit ik een tijdje thuis en kan ik eindeloos kneuteren met de kinderen, soms is het op mijn werk aanpoten en moet ik het zo organiseren dat het thuis ook blijft lopen. Ik geloof niet dat ik fulltime moederschap zou ambiëren. **APPELTAARTEN BAKKEN IS LEUK, OMDAT IK WEET DAT HET EINDIG IS.** Toen de kinderen klein waren, kon ik veel met ze doen, omdat ik een man had die werkte. Door die luxe heb ik geen essentiële dingen gemist, zoals de eerste stapjes, afzwemmen, noem maar op. Nu kan ik het me niet zomaar permitteren om mijn baan op te zeggen, de hypotheek moet worden betaald.' Het heeft wel wat, vindt ze, om alles zelf te doen. Ze voelt zich verantwoordelijk en trots, maar maakt zich ook zorgen: 'Ik hoop dat ik over vijf jaar nog steeds mijn brood kan verdienen bij de omroep. Je wordt tegenwoordig snel afgeserveerd als je ouder wordt, maar gelukkig zijn we straks met heel veel vijftigplussers en tegen die tijd heeft MAX vast de A-status.'

Anita kan het zich niet permitteren om helemaal thuis te blijven, veel vrouwen in Nederland kunnen dat wel. 'Vrouwen die thuis zijn, doen vaak van alles voor verenigingen, voor scholen, dat is hartstikke belangrijk, dat moeten we nooit vergeten. Als ik naar andere landen kijk, waar vrouwen en mannen allebei werken en de kinderen volledig worden verzorgd door personeel, dan vind ik dat een treurig beeld. **EEN KIND WIL TOCH HET LIEFST DAT ZIJN EIGEN VADER OF MOEDER OP SCHOOL DE KERSTVERSIERING KOMT HELPEN OPHANGEN.** Dat red ik helaas ook niet elk jaar, tenzij ik een oppas inhuur voor mijn kinderen om 's avonds op hun school de kerstversiering te kunnen ophangen. Dat gaat me te ver, dat krijg ik niet rechtgebreid in mijn hoofd.'

Anita verwacht dat de economische noodzaak voor vrouwen om te werken steeds groter zal worden, waardoor een andere sociale structuur ontstaat. 'Of dat goed is, weet ik niet. Mannen en vrouwen hebben allebei een even grote zorgplicht, maar ik denk dat een vrouw van nature een grotere behoefte heeft om te zorgen. Man en vrouw zijn complementair, denk ik, onze soort is niet voor niets geworden zoals ze is. Het is goed dat we tegenwoordig dezelfde rechten en plichten hebben, maar dat betekent niet dat je alles volledig op de schop moet gooien, dat vrouwen net als mannen moeten worden. Het heeft tijd nodig. In het licht van de geschiedenis is het nog maar zo kort dat we andere keuzes kunnen maken dan de vrouwen van generaties voor ons, we moeten de tijd nemen om uit te vinden wat we met die keuzes willen. Ik hoop niet dat het hier zo wordt zoals in Amerika, waar alles in het teken van de carrière staat en mensen niet eens bij elkaar thuis afspreken. Van mij mag de Hollandse kneuterigheid nog lang blijven bestaan.'

'DE MODELLENWERELD WORDT GEDOMINEERD DOOR
EEN HANDJEVOL HYSTERISCHE NICHTEN
– een paar goede Nederlandse en Vlaamse ontwerpers uitgezonderd –
DIE VROUWEN WILLEN ZIEN ALS JONGETJES:
MET KLEINE BILLEN EN SMALLE HEUPEN.
DAARMEE DRAAIEN ZE
DE EMANCIPATIE DE NEK OM.'

CATHERINE KEYL

'Waar ik me zorgen over maak, zijn die jonge meiden die het al hebben over borsten laten liften, spuiten tegen rimpels, de merken die je móet hebben, ze laten zich verblinden door de buitenkant. Niemand is perfect, kijk naar mij, ik kan wel willen dat ik twintig was, maar dat is niet de werkelijkheid. Ik ben zestig en voor iemand van zestig zie ik er goed uit. Het gaat om de essentie. Om het accepteren wie je bent.'

Jonge mannen zijn een verademing, vindt ze. Die doen tenminste niet zo spastisch als een vrouw carrière wil maken. 'Ik voel onmiddellijk of een man me gelijkwaardig behandelt of niet. Je hebt geen idee hoe geweldig jonge mannen zijn tegen vrouwen. Veel leuker. **IN DE LEIDING VAN DE OMROEP ZITTEN MANNEN VAN VIJFTIG EN ZESTIG, DIE ZIJN ALLEMAAL MACHO EN ALS DE DOOD OM HUN MACHT KWIJT TE RAKEN.'**

Catherine weet waarover ze praat. Ze draaide tientallen jaren mee in de televisiejournalistiek en begon in een tijd dat vrouwen in de verslaggeverij dun gezaaid waren. Ze herinnert zich haar eerste redactievergadering bij *Hier en nu*. 'Er zaten alleen maar mannen rond de tafel, er was daar nog nooit een vrouw aangeschoven. Ik kom binnen en word begroet met de woorden: "Goed dat je er bent, kun je gelijk koffie halen." Toen ik dat weigerde en zei dat ik was gekomen om reportages te maken, was de sfeer meteen om te snijden.'

Ze kan zich er nog kwaad om maken. 'Hoe die mannen tegen mij deden, dat was verschrikkelijk. De allereerste keer dat ik het programma moest presenteren, zat er een collega naast me. Je kijkt in de camera, je weet dat na zes seconden het rode lampje aangaat en je live op zender bent. Tijdens het aftellen zegt die man ineens: "Doe je best maar, want je kunt het toch niet." Dat is toch een rattenstreek?'

Haar toenmalige echtgenoot stond indertijd vierkant achter haar. 'Hij vond het ronduit schandalig hoe sommige heren zich gedroegen. Het is me tijdens omroepfeestjes verschillende malen overkomen dat ze me letterlijk uit hun kringetje probeerden te wurmen, omdat ze onder elkaar wilden zijn. Dat is toch niet te geloven? Ik ben daar erg gevoelig voor geworden. Ze kunnen het nog zo geraffineerd doen, ik herken het meteen. Het is angst, pure angst voor machtsverlies. Kijk, ten opzichte van elkaar kennen ze de spelregels. Ze slaan elkaar bij wijze van spreken op de bek, drinken een borrel en het is weer goed. Bij een vrouw werkt dat anders, ze weten niet hoe ze daarmee moeten omgaan. En ik was echt wel wat gewend. Ik heb bij een studentenvereniging gezeten, ik ben ontgroend, ik val niet over een gore mop. Maar om iemand met een rotstreek onderuit te trappen, dat vind ik min.'

In 1984 stapte Catherine naar de ondernemingsraad. Ze maakte al vijf jaar reportages die geregeld nieuws opleverden en internationaal werden verkocht, maar kreeg al die jaren minder betaald dan haar mannelijke collega's. 'Bij de ondernemingsraad begrepen ze niet waarover ik kwam klagen, ik had toch een echtgenoot die geld verdiende? Echt waar, ik heb het over 1984. Het is vandaag de dag nog steeds zo dat vrouwen gemiddeld minder verdienen dan mannen. Waarom? Zeg het maar, ik weet het niet.'

Niet lang daarna volgde een omslagpunt. Ze verhuisde van de avondprogrammering naar de middag om *Avro's Servicesalon* te maken, iets wat ze aanvankelijk als een vernedering zag. De avond had meer status, wat haar collega's haar weinig subtiel inwreven: "Jammer hè, dat je naar de middag moet?" Wat niemand verwachtte, gebeurde: *Avro's Servicesalon* werd een groot succes. 'Na een jaar had ik meer kijkers dan de hele avond van de Avro bij elkaar, daar kon niemand onderuit. Het zong rond: verrek, die Keyl scoort kijkcijfers. Ik werd iemand om rekening mee te houden.'

Echte erkenning ondervond ze toen ze haar eigen talkshow *Catherine* kreeg op RTL4, geproduceerd door Universal. 'Amerikanen weten hoe het werkt. Die beseffen dat je een talkshowhost die kijkers aan zich bindt in een gouden lijstje moet doen. Ik werd daar beschermd en verwend, het was heerlijk. Ik moest ook niet weg omdat ik te oud was, dat is een lulverhaal, de hoofdsponsor was in conflict geraakt met de leiding van RTL4, daarom ging de stekker eruit, helaas.'

ZE IS ERVAN OVERTUIGD DAT HET OOK BIJ TELEVISIE UITEINDELIJK OM DE INHOUD GAAT EN NIET OM HET UITERLIJK. 'Een vrouw die het alleen van een glamoureus uiterlijk moet hebben, gaat niet lang mee. Het is onzin om te zeggen dat oudere vrouwen massaal worden afgedankt. Neem Antoinette Herzenberg, die draait nog prima mee. Er zijn ook gerust mooiere presentatrices dan ik, maar bij *MAX en Catherine* trok ik gemiddeld achthonderdduizend kijkers. Ik maak programma's waar mensen inhoudelijk wat aan hebben en niemand die over mijn uiterlijk zeurt, nooit. Ik heb weleens een truitje aan gehad waarvan ik dacht: "Kan dit wel?", maar niemand heeft erop gereageerd. Toen ik veertig werd, zei mijn ex tegen mij: **"NOU SCHAT, NU HEB JE DE MOOISTE TIJD OP TV WEL GEHAD, BOVEN DE VEERTIG WIL NIEMAND JE MEER."** Sorry hoor, maar ik denk dat ik het beste bewijs ben dat het allemaal gelul is.'

Dat ze geen kinderen heeft, was een bewuste keuze. 'Als er iets gaande was in de wereld, wilde ik mijn koffer kunnen pakken en er gelijk naartoe. In mijn beleving kon moederschap niet samengaan met een carrière. Eigenlijk was dat een ongeëmancipeerde gedachte. Nu ben ik nooit een moederkloek geweest, hoor. Mijn zusje speelde vroeger veel met poppen, ik verzoop ze altijd alleen maar in bad. Als ik een baby had gehad, had-ie het waarschijnlijk niet overleefd, haha.'

Ze heeft respect voor mensen die iets bijdragen aan de maatschappij of dat nu bouwvakkers zijn of bankiers. 'Ik heb veel reportages gemaakt met prostituees en ik zal je zeggen dat ik de Gooise vrouwen die de hele dag met de creditcard van hun man lopen te zwaaien goedkopere prostituees vind dan de vrouwen die op de Wallen werken. Ik vind dat het de essentie van je wezen is als je een bijdrage levert, of dat nou als stratenmaker is of als prostituee, dóe iets en ga niet met het geld van iemand anders de mooie juffrouw uithangen.'

In een van haar laatste uitzendingen sprak ze met Conny Breukhoven. 'Dat is een vrouw die alleen maar over uiterlijk wordt geïnterviewd, terwijl ze een eigen bedrijf heeft en zich kapot werkt. En die gek wordt van al die Wassenaarse vrouwen die geen reet doen en aan haar vragen: "Golf jij, Con?"

"NEE, IK GOLF NIET," ZEGT ZE DAN. "MAAR IK NEUK NOG WEL."'

‘HET IS VOOR VROUWEN AL NIET MAKKELIJK OM DE TOP TE BEREIKEN. *En dan moet er ook nog iemand naast je staan die dat accepteert en zelfs stimuleert. Die durft te zeggen: je wilt het toch zo graag,* **WAAROM BEN JE NOG HIER? DOE HET, GA ERVOOR!’**

SYLVANA SIMONS

Ze heeft een duidelijke mening over moeders die geen betaald werk verrichten. Vooral als die zichzelf op de borst kloppen omdat ze thuisblijven voor hun kinderen. ‘Het is in onze maatschappij heel erg geaccepteerd dat je uit naam van de liefde voor een ander je eigen behoeftes bevredigt. **ALS JE THUISBLIJFT VOOR JE KINDEREN, WAT ZEGT DAT DAN OVER JOU? MISSCHIEN NIETS MEER DAN DAT JE GEEN ZIN HEBT OM TE WERKEN.** Als je je dat kunt permitteren, prima, maar doe niet alsof je het uit een onbaatzuchtige liefde voor je kroost doet. Fulltime moederen is ook een manier van bevestiging vragen en krijgen. Als je zorgt dat je het middelpunt bent in het leven van je kinderen, kun je daaruit je succes en bevestiging halen. Ik heb ook succes, alleen via een ander podium en ik heb mijn kinderen er niet voor nodig.’

Wat Sylvana haar kinderen vooral wil bieden is een thuis. ‘Ze moeten weten dat het hier warm en veilig is. En dat ze altijd vriendjes en vriendinnetjes mee naar huis kunnen nemen. Dat doen ze ook, dat bewijst voor mij dat ze zich hier goed voelen. Wie dan klaar zit met een kopje thee, maakt niet zoveel uit. Ze kunnen het ook zelf maken.’

Grote opofferingen heeft ze voor haar carrière niet hoeven maken. Hoewel, een bepaalde opoffering gaat haar nog steeds niet makkelijk af. ‘Ik hou erg van uitslapen. Als we op locatie opnemen, moet ik om vijf uur op, terwijl ik het liefst niet voor elf uur mijn bed uit wil. Ik kan ook niet meer tot drie uur ’s nachts opblijven, want mijn stem is belangrijk voor mijn werk, dus dat kan ik me niet meer veroorloven.’

Dankzij haar salaris heeft ze genoeg geld om tijd te kopen, zoals ze dat noemt. **ZE HOEFT DE WAS NIET TE DOEN, NIET ZELF HET HUIS TE SOPPEN EN KAN EEN OPPAS INSCHAKELEN VOOR DE KINDEREN.** 'Dat is wat deze baan me brengt in materiele zin. Daarnaast geeft het me een goed gevoel, macht en zelfvertrouwen. Je hebt er veel moeite voor gedaan en het is lekker als je dat terugkrijgt in de vorm van succes. Wat ik leer in mijn vak, gaat hand in hand met het ontwikkelen van mezelf. Hoe ik omga met bekendheid, geld, succes, tegenslagen, de public opinion. Je wordt voortdurend met jezelf geconfronteerd. Het is wel zo dat ik geen sociaal leven meer heb, alles staat in het teken van werk. Er is een clubje mensen van wie ik onvoorwaardelijke liefde krijg, dat zijn vrienden die al jaren meegaan. Daar moet je zelf ook moeite voor doen en dat doe ik. Ze kunnen altijd bellen. Alleen als mijn hoofd te vol zit met mijn eigen beslommeringen, kan er soms niets meer bij. Dan zeg ik dat eerlijk, want daaraan hebben ze meer dan dat ik doe alsof ik luister, terwijl het in werkelijkheid langs me heen gaat.'

Ze probeert de top te bereiken in het televisievak, maar is nog niet zo stout dat ze van zichzelf durft te zeggen dat ze die al heeft bereikt. 'Zover ben ik niet. Ik zou het willen, maar je kunt ook vallen en dan ben je een blaaskaak. Ik droom er weleens over Nederland los te laten en me in het buitenland te vestigen, maar het komt er niet van. Hier weet ik wat ik heb, het is de vraag of ergens anders iemand op mij zit te wachten.'

Ze houdt van mooie kleren en luxe en die kan ze zich permitteren, maar ook zij heeft een grens. 'Laatst was ik in een winkel. Daar zag ik een paar

laarzen die mij riepen. Ik loop erheen, het waren echt geweldige laarzen, ze kostten 950 euro. Ik dacht: zoiets koop je alleen met de creditcard van je man, niet met geld waarvoor je zelf hard hebt gewerkt. **SOMS LIJKT HET ME GEWELDIG OM TE WORDEN ONDERHOUDEN, MAAR UITEINDELIJK DENK IK DAT HET ME GEEN ENKELE BEVREDIGING ZOU GEVEN.'**

WILLEKE ALBERTI

'Een goede huisvrouw ben ik nooit geweest. Koken kan ik niet en aan poetsen heb ik altijd een hekel gehad.'

Willeke Alberti is een vrouw van wie je al houdt voordat je haar hebt ontmoet. Als het zover is, tref je een tot in haar nagelpuntjes verzorgde dame aan, die je na vijf minuten toevertrouwt hoeveel kilo ze de afgelopen tijd is afgevallen en hoe hard dat nodig was. Ze bestelt een overdadige lunch – die schoon op zal gaan – en kijkt schalks om zich heen of zich nog leuke mannen in het etablissement bevinden die ze een drankje zou willen aanbieden. Als dit niet het geval blijkt, mag de recorder aan. Met licht trillende vingers speld ik het microfoontje op haar ooit koninklijk onderscheiden revers. Dat de opname volkomen mislukt, heb ik tot de dag van vandaag niet aan haar durven opbiechten.

'TOT NU TOE IS ALLES ME KOMEN AANWAAIEN. DINGEN OVERKOMEN ME, IK BEN NIET IEMAND DIE ER ZELF OPUIT GAAT. Ik ben zangeres, maar weet je dat ik nog nooit zangles heb gehad? Dat geldt niet alleen voor zingen, maar ook voor dansen en acteren. Ik heb mijn vak spelenderwijs geleerd.'

Op elfjarige leeftijd was Willeke Alberti voor het eerst op televisie te zien, in de musical *Duel om Barbara*. Vijftig jaar later kan ze terugkijken op een carrière waar menig artiest een moord voor zou plegen, desnoods op zijn eigen vrouw. Ze heeft altijd voor volle zalen gespeeld, ze heeft nummer één hits gehad, ze is bekroond met Gouden Platen, een Edison, een Gouden Harp, ze maakte furore als Rooie Sien in de gelijknamige film van Frans Weisz, ze ontving de Televizierring voor haar vertolking van de rol van Marleen Spaargaren in de dramaserie *De kleine waarheid*. Ze heeft een wassen beeld bij Madame Tussauds. Ze is Ridder in de Orde van Oranje Nassau. Er is een musical over haar leven gemaakt. Ze is een diva die je op een landgoed in een ver en zonnig land zou verwachten, waar ze aan de rand van haar kristalheldere zwembad aan een cocktail nipt, terwijl de plaatselijke jonge god haar schouders masseert. Niets van dit alles. Ze winkelt in Amsterdam, ze woont in Laren en heeft net haar vijfenzeventig voorstellingen tellende tournee *Goud* afgesloten in Carré.

'Dat we de jubileumtournee hebben gemaakt, kwam door de musical Willeke. Ik zat in de zaal naar mezelf te kijken en dacht: "Dit is toch wel heel raar. Daar staat iemand mij te spelen, terwijl ik hier zit en nog leef. Waarom sta ik zelf niet op dat toneel?"'

Haar vader werd niet ouder dan achtenvijftig, zelf is ze eenenzestig, sinds drie jaar ziet ze elk jaar als een cadeautje, waarvan ze met volle overgave wil genieten.

'Ik kan niet stilzitten. Als kind was ik heel zonnig, heel vrolijk, ik was altijd aan het dansen en zingen. Toen het werk werd en ik voor optredens werd gevraagd, vertrouwde ik erop dat het wel vanzelf

goed zou komen. Anders zouden ze mij toch niet vragen?'

Willeke Alberti heeft drie kinderen en twee kleinkinderen. Zij was een werkende moeder in een tijd dat de meeste vrouwen nog keurig achter het aanrecht stonden. 'Een goede huisvrouw ben ik nooit geweest, daarvoor ben ik niet geschikt. Koken kon ik niet en ik heb altijd een hekel aan poetsen gehad. Toen mijn oudste dochter klein was, heb ik veel gewerkt. Ik heb me daar erg schuldig over gevoeld, zo erg dat ik later mijn carrière heb afgebroken om me praktisch fulltime op het moederschap te storten. Nu had ik in die tijd een echtgenoot (John de Mol jr., red.) die liever niet had dat zijn vrouw carrière maakte. Hij wilde ook niet dat zijn vrouw make-up droeg. Ik schikte me naar zijn wensen, zette mezelf opzij en borg mijn lippenstift op. Dat zou ik nu nooit meer doen. Sterker nog, **IK DENK DAT IK EEN BETERE MOEDER WAS GEWEEST ALS IK WEL WAS BLIJVEN WERKEN.** Op de bühne staan is mijn passie. Het geeft me plezier, zelfvertrouwen en levenslust. Het is voor kinderen leuker om een stralende moeder te hebben dan eentje die zich beknot voelt. Let wel, ik beschuldig niemand. Iedereen is verantwoordelijk voor zijn eigen keuzes, ik ook, ik had zijn wensen kunnen wegwuiven, maar dat durfde ik niet. Ik hield veel van hem en was bang hem te verliezen. Dat dat uiteindelijk toch gebeurde, is voor mij eens te meer het bewijs dat je altijd trouw moet blijven aan jezelf.'

Willeke is lange tijd een pleaser geweest. 'Het was voor mij belangrijk om het anderen – meestal mannen – naar de zin te maken. Pas sinds drie jaar is dat anders. Er is een ommekeer gekomen, ik wil hier niet uit de doeken doen wat dat keerpunt precies is geweest, maar het heeft ertoe geleid dat ik stouter ben geworden.'

Voor haar omgeving was het even wennen, de vernieuwde en verbeterde Willeke. Deze Willeke doet waar ze zin in heeft, zegt nee als ze nee bedoelt en volmondig ja in geval van ja. Ze kan sms'en en er zijn gevallen bekend van mannen die hun mobiel van schrik kapot lieten vallen toen ze een uitdagend berichtje van haar ontvingen.

Twee uur lang mocht mijn microfoon op haar revers zitten, maar daarmee is het geheim Willeke nog niet ontsluierd. Een tipje heeft ze opgelicht, ze houdt haar publiek hongerig, zodat het altijd een beetje meer wil. Dat tekent de ware artiest. Haar vader zou trots op haar zijn.

ZO STOUT BEN JIJ • STOUT BEN JIJ •

ER WERD AANGEBELD. SHOOT, HIJ WAS ER AL! EN IK, NET GEDOUCHT, WAS ME NOG AAN HET AFDROGEN. Dan maar snel even de handdoek om. Druipend opende ik de voordeur. Hij glimlachte: 'Had mij even laten weten dat je nog meer tijd nodig had.'

Ik kon moeilijk zeggen dat ik alle tijd had gehad, maar zo nodig nog even met een vriendin moest bijkletsen, of eigenlijk haar moest informeren over mijn aankomend bezoek. Dat was nu eenmaal zo. Suus en ik houden elkaar al een eeuwigheid op de hoogte van alle leuke en minder leuke, maar vooral spontane en spannende uitspattingen in ons leven. Daar kunnen we uren over discussiëren en we vallen vaak ook nog eens in herhaling. Zeker als we flink aan onze trekken zijn gekomen.

Ik zag aan zijn blik dat hij het in het geheel niet erg vond zo verwelkomd te worden. Ik liep naar de badkamer, in de veronderstelling dat hij wel wat voor zichzelf zou inschenken. Maar nee, dat was een foute gedachte. Hij volgde mij en keek toe terwijl ik me verder aan het afdrogen was. Natuurlijk merkte hij dat dat mij niet onberoerd liet. Zeker toen ik mijn strakke hemdje, wat helaas een beetje aftekende, over mijn stevige borsten liet glijden. Ik kreeg het alleen maar heter en heter van dat afdrogen.

De schittering in zijn ogen straalde hetzelfde signaal uit als wat er achter zijn broekrits plaatsvond. Wat waren we geil. Stond ik daar met alleen maar een hemdje aan en hij helemaal gekleed. Hij pakte me stevig vast, de handdoek gleed op de badkamervloer. Ik snoof, rook zijn geur. Waarom kon alleen zijn lichaamsgeur mij al opwinden? Zelfs de

IK OPENDE MIJN BENEN VOOR HEM

EN HIJ SPOOT EEN BOLLETJE SCHEERGEL OP ZIJN HANDPALM.

Ik zei nog tegen hem: 'Je hoeft niet veel te gebruiken, want het schuimt redelijk snel.' Maar al snel hield ik mijn mond. Het was helemaal niet erg dat het veel schuimde, want des te langer was hij met mij bezig.

geur van zijn naar sigaretten ruikende adem gaf een tinteling in mijn onderbuik. Kun je nagaan hoe ik me voelde toen hij zijn handen ging gebruiken.

'JE BENT NOG VOCHTIG,' ZEI HIJ TOEN HIJ MIJN BILLEN ONDER HANDEN NAM.

'PAS MAAR OP DAT JIJ NIET NAT WORDT,' ZEI IK.

Hij grinnikte zachtjes en draaide mij om zodat ik met mijn rug tegen zijn borstkas leunde. Hij vond het heerlijk om zijn pik tussen de vrouwelijke rondingen van mijn billen te leggen. Hij genoot, dat kon ik overduidelijk voelen.

Op de tast maakte ik achter mij zijn broek los.

'Je bent erg vochtig nu,' zei hij.

'Dat is vreemd,' antwoordde ik ondeugend, 'dát had ik toch al lang afgedroogd. Weet je dat ik me had voorgenomen mij daar helemaal te scheren voor je? En nu ben je er eerder dan verwacht en heb ik nog een behaard poesje.' Het is niet dat ik veel haargroei heb, maar de bikinilijn moest nodig bijgeharkt worden.

'Zal ik dat bij je doen?' vroeg hij.

Lang hoefde ik er niet over na te denken. Schone handdoek, scheergel, scheermesje en een bakje water werden klaargelegd in de slaapkamer. Met mijn hemdje nog aan ging ik op bed liggen. Hij vond het nu toch ook beter om zich helemaal uit te kleden, op zijn slip na.

Ik opende mijn benen voor hem en hij spoot een bolletje scheergel op zijn handpalm. Ik zei nog tegen hem: 'Je hoeft niet veel te gebruiken, want het schuimt redelijk snel.' Maar al snel hield ik mijn mond. Het was helemaal niet erg dat het veel schuimde, want des te langer was hij met mij bezig.

Niet alleen hij had een mooi uitzicht, zoals hij zei, maar ook ik. Zijn stevige pik was duidelijk herkenbaar en ik kon er net met mijn linkervoet bij. Ook dat is weer zoiets dat ik telkens check bij kerels met wie ik intiem ben. Is hij rechtshandig en draagt hij zijn pik naar links? En andersom? Ik heb het ooit eens ergens in een of ander vrouwenblad gelezen. Tot nu toe klopt het nog steeds.

Het bakje water werd dichterbij geplaatst en geconcentreerd haalde hij streek voor streek het scheermesje over mijn schaamstreek. Na elke streek spoelde hij het mesje af en ging geduldig verder. Alsof hij alle tijd van de wereld had, voltooide hij zijn taak. Zoals het hoort, tastte hij daarna met zijn handen en vingers alles af op ongeschoren plekjes. Met de handdoek haalde hij de laatste restjes scheerschuim weg en vroeg toen om een crème om de geschoren plek in te smeren. Ook deze werd vol overgave aangebracht. Zijn vingers waren overal en deze massage was zeker het toetje. Wat een verwennerij.

Hij zei dat hij nog nooit eerder een vrouw had geschoren. En zeker niet op deze manier. Misschien is het vrouwelijke nieuwsgierigheid of gewoon interesse. Ik vraag me namelijk toch af of hij deze ervaring nu gaat gebruiken om een extra impuls aan het seksleven met zijn vrouw te geven. Maar ach, wil ik dat eigenlijk wel weten?

Mijn man en ik hadden
EEN GEHEIME AFSPRAAK.
Zodra ik naar hem zou knipogen,
ZOU IK MIJN SLIPJE NIET MEER AAN HEBBEN.

Toen het zover was, ben ik op een gekleurde, verlichte bloempot in de tuin gaan zitten.

Het voelde zeer erotisch
OM NIETS MEER AAN TE HEBBEN,
terwijl niemand dit wist.

STOUT & (NIET) getrouwd

YOLANTHE CABAU VAN KASBERGEN

'Mijn grootste probleem in de liefde is dat mannen té verliefd op me worden.'

Uit angst om me kwijt te raken, veranderen sommigen in een soort slaafjes zonder eigen mening, waardoor ze juist minder aantrekkelijk worden.'

Yolanthe ziet er een patroon in. 'Het begint ermee dat ze alles aan me vragen: wil je dit, schatje? Of wil je liever dat? Wat zullen we doen? Kan ik iets voor je doen? **HET KRENG IN ME KOMT DAN NAAR BOVEN, IK GA TESTEN HOEVER IK KAN GAAN, WAAR HUN GRENS LIGT EN DIE LIGT HEEL VER.** Op een gegeven moment vind ik zo'n man niet meer interessant. Ik heb tegenspel nodig, ik wil het gevoel hebben dat ik er moeite voor moet doen, hij moet ook macht over mij hebben. Ik hou ervan als een man zegt: trek dit aan, want we gaan vanavond daar eten en dan naar de film. Ik heb op seksgebied geëxperimenteerd met een vriendin en met haar gebeurde eigenlijk precies hetzelfde. Zij werd verliefd, heel onderdanig en hoewel het allang weer afgelopen is, is ze eigenlijk nog steeds veel te lief voor me.'

Ze heeft vier jaar een relatie gehad met een jongen, daarna een relatie van anderhalf jaar, eentje van een jaar en ze heeft ook nog drie maanden geëxperimenteerd met een meisje. 'Op seksueel gebied heb ik genoeg ervaring. Onenightstands zijn helemaal niks voor mij. Ik kan dat gewoon niet, mijn vriendinnen kunnen rustig in een disco een wildvreemde gast zoenen en met hem naar huis

‘ALS IK UITGA MET EEN VRIENDIN VINDEN WE HET LEUK OM MANNEN GEK TE MAKEN.’

gaan. Ik heb het wel geprobeerd, maar het lukt me niet, ik ben gewoon niet zo. Mijn moeder deed dat volgens mij vroeger wel, zij zit anders in elkaar.’

Volgens de roddelbladen heeft ze elke week een nieuwe vriend, het tegendeel is waar. ‘Ik word niet snel verliefd. Ik vind mannen leuk en aardig, maar mannen op wie ik echt val, zijn er bijna niet. Ik zou kunnen vallen op iemand die een talent heeft wat ik niet heb, bijvoorbeeld heel goed piano spelen. Op hem zou ik verliefd kunnen worden. Omdat hij daarmee een bepaalde macht heeft die ik niet heb.

Sinds ik verkozen ben tot meest sexy vrouw van Nederland lijkt het alsof jongens anders naar me kijken. Ze denken dat ik arrogant ben, wat ik jammer vind, want ik sta altijd open voor mensen. Of ze zien me alleen als “dat lekkere ding” en ze beginnen over die verkiezing, dat vind ik helemaal niet relaxed.’

Als ze een relatie heeft, eist ze monogaam gedrag van haar vriend. ‘Ik vind het een groot ding. Als ik verliefd ben, wil ik niet dat hij het met een andere vrouw doet, want daarmee zou hij me pijn doen. Dat zeg ik op deze leeftijd, hè, als we vijf jaar samen zijn en het wordt saai, kan ik me voorstellen dat hij zich ook tot anderen aangetrokken voelt.’

Flirten doet ze wel, maar met mate. **‘ALS EEN MAN TE HANDTASTELIJK WORDT, BEN IK WEG.** Dan is het alsof hij ineens drie stappen neemt, terwijl ik dacht: we zijn pas bij twee. Als ik uitga met een vriendin vinden we het leuk om mannen gek te maken. Dat is niet gemeen, welnee. We doen het alleen bij de players van de club, van die gladde jongens, die gasten zijn pas gemeen. Zo’n gast ziet een meisje, vraagt haar nummer en doet alsof-ie helemaal voor haar gaat. Ineens ziet-ie een knapper meisje, dumpt acuut dat eerste meisje en gaat helemaal voor die knappe. Dan denken wij: deze gast moet aangepakt worden. We teasen hem zodat hij denkt dat hij een geweldige nacht met ons zal hebben en aan het einde van de avond zeggen we: “Doei, mazzel!” Zit hij met lege handen en is er geen enkel ander meisje meer dat met hem mee wil. Net goed.’

STOUT & (BIJNA) *getrouwd*

CHAZIA MOURALI

'Als je iemand wilt verleiden, moet je jezelf op het spel durven zetten. Een keer was ik in Londen en toen zag ik iemand voor wie ik op slag viel. Ik dacht: hoe zou Oscar Wilde dit hebben aangepakt? Ik haalde diep adem en zei: "Ik heb deze week de meest prachtige schilderijen gezien en de meest elegante parken, ik heb geweldige muziek gehoord, maar jij bent het mooiste dat ik ben tegengekomen." Hoe het afliep? Hij was het erg met me eens en de keren daarna dat ik Londen was, hoefde ik niet naar een hotel.'

Chazia gaat sinds twee jaar met Marc, een neurochirurg. Ze zijn van plan te trouwen, het hoe en wanneer moet nog worden vastgesteld.

'Tussen mijn twintigste en dertigste heb ik twee lange monogame relaties gehad. Met lang bedoel ik een paar jaar. Daarna heb ik een periode, hoe zal ik het zeggen, intens geleefd, genoten en fouten gemaakt. Tussen mijn dertigste en veertigste heb ik af en toe iets vasts gehad, maar nooit erg lang. Met Marc ben ik van plan tot mijn dood door te gaan.'

Ze probeert te verklaren waarom juist hij haar hart voorgoed voor zich heeft gewonnen. 'Marc is net als ik iemand die een soort onaangepast kantje heeft. Toen hij was afgestudeerd en niet meteen een stageplek vond is hij een jaar als steward gaan werken bij de KLM. Dat was in de conservatieve studentenwereld *not done*, maar daar trok hij zich niets van aan. Zo zit hij in elkaar. Hij doet dingen waarvan hij denkt dat ze belangrijk zijn. Verder is hij een Brabander en daarmee bedoel ik een volbloed Brabo: warm, gezellig, Bourgondisch, met een accent dat ik hem de eerste maanden tevergeefs heb geprobeerd af te leren. "Marc, het is niet dat 'hedde ge da' maar 'heb je dat'." Inmiddels vind ik ook zijn accent heerlijk. Hij is ongelooflijk trots op de dingen die ik doe, hij stimuleert me en is blij als dingen goed voor me gaan, ofwel: hij laat me liever een toontje hoger zingen dan lager.'

Ze vindt het niet lastig om monogaam te zijn, ze gelooft er voor honderd procent in. **'IK HEB NOG NOOIT DE NEIGING GEHAD OM VREEMD TE GAAN, ZELFS NIET OM TE ZOENEN MET IEMAND ANDERS.** Seksualiteit is zo ontzettend intiem, je kunt daarin zo kwetsbaar zijn, het geeft een enorm gevoel van geborgenheid om te zeggen: dat deel ik maar met een iemand. Door die keuze steeds te maken, maak je die persoon bijzonder. Het is bijna poetisch, zoals de kleine prins van Antoine de Saint-Exupéry die op zijn planeet één roos had die hij zo goed mogelijk verzorgde en beschermde. Als hij op aarde komt, ziet hij struiken vol rozen. Eerst is hij teleurgesteld, maar later begrijpt hij: mijn roos was uniek, omdat ik voor haar zorgde, omdat ze iets voor me betekende. Dat bedoel ik met dat gevoel van bijzonderheid en geborgenheid.'

Een psycholoog heeft Chazia ooit uitgelegd dat het pijn doet als iemand vreemdgaat, omdat het je herinnert aan het moment dat je ouders je voor het eerst in de steek lieten. **'ALS JE PARTNER NAAR IEMAND ANDERS VERLANGT EN MET EEN ANDER PLEZIER HEEFT, BETEKENT DAT DAT JIJ IN EEN PAAR SECONDEN VERNIETIGD WORDT, WANT JE WORDT VERVANGEN.'**

Ze vindt het jammer dat na de jaren zeventig, toen echtscheidingen meer en meer in zwang kwamen, het gevoel van geborgenheid voor veel kinderen verloren is gegaan. 'Ik denk dat het enorme aantal echtscheidingen meer pijn en verdriet heeft veroorzaakt dan wie dan ook toe durft te geven. Nu pas komen er cijfers naar buiten over de verschillen in schoolresultaten tussen kinderen van gescheiden ouders en kinderen van ouders die bij elkaar zijn. Dat zie je ook terug in crimineel gedrag, je leest dat kinderen van gescheiden ouders meer moeite hebben met relatievorming, met hechten. De "ouderwetse" gezinsstructuur is soms misschien te makkelijk losgelaten. Zonder terug te willen naar de jaren vijftig en de spruitjes, denk ik dat je juist nu, omdat je de keuze hebt, ook kunt kiezen een duurzame relatie te onderhouden. Je kunt jezelf altijd gek maken dat aan de overkant alles beter is.'

Onlangs was ze op het veertigjarige huwelijksfeest van haar buren, twee huizen verder in België. 'Je komt die kamer binnen, Jambers had er kunnen filmen, lange tafels vol vrolijke mensen. Iedereen had bij zijn bord een foto staan van het stel toen ze nog jong waren. Op het moment suprème komt het echtpaar binnen. Het was een verrassing, dus ze zijn gelijk in tranen, hun dochters ook en ik deed een potje mee. Daar stonden een man en een vrouw die voor elkaar hebben gekozen, je ziet de warmte en de kracht die ze daaraan ontlenen, je ziet niet de dwangbuis van de huwelijkse moraal. Die rust en warmte kalmeren mij, ik hoop dat over veertig jaar ook uit te stralen.'

RENATE VERBAAN

'Flirten is prikkelen, speels uitdagen. Het is een soort sparren. Je laat merken: ik vind je leuk, hoe vind je mij? Daarvoor maakt het niet uit of diegene een man of een vrouw is, het is een spel.'

'OF WE NU ZES OF ZESTIG JAAR SAMEN ZIJN, IK WEIGER MET DE DEUR OPEN TE PLASSEN. Hij mag me kotsend of doodziek zien, dat vind ik geen probleem, maar er zijn dingen die je een mysterie moet laten.'

Renate is op haar werk dominant, als het gaat om seks is ze eerder aan de afwachtende kant. 'Ik denk dat ik op dat vlak enigszins ouderwets vrouwelijk ben. Leve de lol en pakken wat je pakken kunt, is niet mijn stijl. Ik zou nooit tegen een man zeggen: hé jij daar, meekomen, nu. Ik weleens gehad dat ik single was en dat ik me voornam: oké, nu ga ik los. Dan had ik twee weken iets met een gozer en dacht ik: hij is helemaal leuk, ik vind hem sexy, we gaan het doen, maar had ik de volgende dag spijt. Ik kan zoiets gewoon niet, het zit niet in me.'

Praten tijdens de seks vindt ze verre van opwindend. 'Er zijn zoveel momenten dat je met elkaar kunt praten, ik vind dit nou een van weinige momenten dat je niets hoeft te zeggen. Aanwijzingen geven in de trant van: "schatje, doe eens zo" vind ik een afknapper. Voor mij is seks juist een andere manier van communiceren.'

Ze is tegen vreemdgaan. 'Dat vind ik absoluut *not done*. **ER ZIJN GENOEG VROUWEN DIE NAAR WINSTON TOEKOMEN EN ALLEMAAL GLIJERIGE VERHALEN BIJ HEM OPHANGEN.** Zodra hij daar iets te amicaal mee omgaat en het te gezellig wordt, dan denk ik: kom op, zeg! Dat vind ik respectloos. Als het tot het punt komt dat zo'n vrouw denkt: hé, ik heb beet, hier kan wat gebeuren, is de grens voor mij bereikt. Dan vind ik: ho, dit kan niet.'

Vroeger was ze zo mogelijk nog strenger. 'Ik was heel erg anti. Zelfs al ging het alleen om zoenen, dan was het voor mij al einde oefening. Tegenwoordig zou ik in dat geval niet meteen zeggen "pak je spullen en wegwezen", het ligt er ook aan hoe het is gegaan. Er zijn weleens periodes in je relatie waarin je langs elkaar heen leeft en je de ander een beetje vergeet. Dat zijn volgens mij de gevaarlijkste momenten, want dan ben je kwetsbaar en gevoelig voor de aandacht van iemand anders. Als hij het in het openbaar heeft gedaan, heeft hij een groot probleem. Heel Nederland weet dat wij een relatie hebben en **ALS HET IN EEN RODDELBLAD BELANDT, ZIET IEDEREEN DAT MIJN VENT STOND TE ZOENEN MET EEN ANDERE VROUW.** Dat moet-ie uit zijn hoofd laten, kom op zeg. Het zou mijn vertrouwen ook een grote deuk geven. Ik zou er erg onzeker van worden als hij andere meisjes leuk genoeg vindt om mee te praten en te zoenen. Als hij het doet en het stelde niets voor, moet-ie ervoor zorgen dat ik er nóóit achterkom. Zadel mij niet met die ellende op, alsjeblieft. Andersom geldt het natuurlijk ook. Ik flirt heus weleens en kan best een beetje uitdagend doen tegen een man, maar het zal altijd respectvol blijven ten opzichte van Winston.'

alistisch in. Ik zou ook het initiatief tot iets nieuws kunnen nemen, maar kennelijk heb ik die behoefte niet. We zijn al zeven jaar samen en mijn vriend is niet erg experimenteel, dus dan vind ik het maf om te zeggen: we gaan het vanaf nu helemaal anders aanpakken. Als je dat ineens gaat doen, voelt dat nep.' Zoals bij de meeste stellen, ging de frequentie na verloop van tijd langzaam maar zeker omlaag. Fatima maakte zich daar aanvankelijk zorgen over. 'Ik vond het raar toen we het niet meer elke dag deden, maar nog maar meerdere keren per week. Het werd nog minder, want hij was druk met zijn werk en ineens hadden we twee weken geen seks gehad en dacht ik: wat is hier aan de hand? Hij was moe zei hij, en ik dacht: moe? *My ass.* Inmiddels is het gestabiliseerd tot een paar keer per week. Daar heb ik vrede mee, terwijl ik dat

FATIMA MOREIRA DE MELO

'Ik vind seks vooral leuk als het spannend is. In de bosjes of bij het zwembad, met een grote kans om betrapt te worden.'

'Hij heeft me gevraagd tijdens een vakantie op het strand van Maui. Ik heb ja gezegd. Voorlopig draag ik zijn ring om mijn duim, ik heb geen haast. Er is niets mis met het fenomeen trouwen, maar het is duur, zoveel geregel en gedoe. Hij wil ook nog eens een grote bruiloft, voor mij hoeft dat niet.'
Fatima is verloofd en woont samen met haar Canadese vriend Rob, importeur van hockeysticks en zelf ook hockeyer. Fatima: 'In het begin deden we het overal. Of het nu in de auto was, in de keuken of in de huiskamer. Op een gegeven moment ben je verder in je relatie en is gewoon in bed wel zo relaxed. Het is niet zo spannend en geil als in het begin, daar ben ik re-

zou gaan, weet ik niet of ik het uit zou maken. Wat wij hebben is zoveel meer dan zo'n incident. Ik vraag weleens of hij met iemand anders heeft geketst, dan zegt hij "Nee" en zeg ik: "Fijn".'

Je hele leven dezelfde partner zonder een zijstapje, is niet zaligmakend, vindt ze. 'Vroeger was het leven voor een vrouw heel eenvoudig. Je deed het huishouden, je zorgde voor je kinderen, het eten voor je man moest om zes uur klaarstaan, je kon weinig anders doen dan in die situatie berusten. Tegenwoordig zijn er veel meer dingen die we kunnen doen, vrouwen werken, gaan eropuit, zitten op internet, het gezin is geen totale levensvervulling. Natuurlijk, als je kinderen grootbrengt, moeten ze een houvast hebben, maar waarom zou je ze niet goed kunnen opvoeden als je ergens een minnaar hebt zitten?'

vroeger echt te weinig had gevonden.'

Ze denkt dat monogamie vooral is aangeleerd en niet aangeboren. 'Het is wat de maatschappij je oplegt. Je krijgt het van jongs af aan mee, het is je ingeprent: als je partner vreemdgaat, houdt hij niet van je. Daarom doet het pijn als de intimiteit wordt verbroken. Je idee van je relatie strookt dan niet meer met hoe je het hebt meegekregen.'

Aan het begin van haar relatie sprak Fatima haar vriend dreigend toe. 'Om hem bang te maken, zei ik dat het uit en klaar zou zijn als hij vreemdging. Hij moest weleens een week naar het buitenland en dan kon ik mezelf helemaal gek maken. Later dacht ik: laat het los, wat is er nou eigenlijk zo erg aan als hij een keer met een ander naar bed is geweest? Om je zo vast te klampen aan je man is ouderwets. Dat heb ik ook tegen hem gezegd: als je nu vreemd

STOUT &getrouwd

CLAUDIA DE BREIJ

'Sommige van jullie vragen vind ik zo, ik weet niet, zo Viva. Hoe hou je je relatie spannend? Leef je je fantasieën uit? Je reet met die fantasieën, ik vind dat net zo'n woord als uitdaging, dat kan ik ook niet meer horen.'

'Ik ben getrouwd met de intentie om trouw te zijn, anders moet je niet trouwen en zeker niet zoals wij het hebben gedaan. Het was een bombastische bruiloft met twee trouwjurken, twee vaders die hun dochters weggaven en een huwelijksnacht in de suite van een chic hotel. Op onze bruidstaart was 'Voor haar' van Frans Halsema geglazuurd. De complete tekst, ja, het was een taart met veel lagen. We kozen die dag voor elkaar en dus ook voor monogamie. Ik ga ervan uit dat we ons aan onze belofte zullen houden, hoewel het idee dat iets niet mag vaak een reden is om het juist te doen.

WE HEBBEN ELKAAR WEL EEN MADONNA-ONTHEFFING GEGEVEN. ALS EEN VAN ONS MET HAAR NAAR BED KAN, DAN MAG HET, STRAFFELOOS. DAT GELDT OOK VOOR ROBBIE WILIAMS.'

Claudia trouwde in 2005 met haar Conny, met wie ze al negen jaar samen is. Als iemand daaruit de conclusie trekt dat ze lesbisch is, voelt ze zich verkeerd gelabeld. 'Ik ben getrouwd met een vrouw en daar ben ik blij mee. Maar als iemand zegt: "Dan ben je dus lesbisch", dan denk ik: dat maak ik zelf wel uit. Zeggen ze: "Je bent bi", dan denk ik: zeg, ik ben wel met een vrouw getrouwd, dus zo bi ben ik nu ook weer niet. Als het beestje een naam moet hebben, dan ben ik bi met een iets sterkere hang naar vrouwen dan mannen. Ik vind vrouwen langer interessant. Maar ik flirt net zo goed met mannen als met vrouwen en ik heb het ook met mannen gedaan.'

Haar stoutste periode heeft Claudia al gehad. Dat hoopt ze tenminste. Er zijn periodes geweest waarin ze een niet-monogame relatie had en ook periodes waarin ze meerdere relaties tegelijk had. **'NIET-MONOGAME RELATIES ZIJN EEN STUK VERMOEIENDER, HET IS EEN HEEL GEDOE EN JE VRAAGT JE TOCH AF: WAARVOOR EIGENLIJK?** De tijd dat ik meerdere relaties tegelijk had, was op zich prima,

want iedereen wist het van elkaar. Ik ben helaas of gelukkig stront-open, meer dan goed voor me is, ik kan nooit iets verborgen houden. Tijdens Conny is het ook wel gebeurd dat ik iemand leuk vond, dan moest ik dat gewoon aan haar vertellen en was het ook altijd gauw weer over.'

Het argument dat monogamie niet natuurlijk is, doet ze af als flauwekul, een drogreden. 'Rechtop lopen is ook niet natuurlijk, maar dat zijn we op een gegeven moment toch gaan doen. Dat ik een wijfje heb in plaats van een mannetje is ook tegennatuurlijk. Xander de Buisonjé zei laatst dat hij monogamie niet van deze tijd vindt. Zo lust ik er nog wel een paar. Betalen voor de hagelslag vind ik ook niet van deze tijd, weet je wat, die neem ik voortaan gewoon mee. Voor mij hoeft het niet per se hoor, monogaam zijn, maar van die vertegenwoordigers die onderweg hun trouwring afdoen, dat vind ik zo slap. Trouw dan niet. Trouw zijn is voor mij een betrekkelijk kleine moeite en ik zou Conny enorm kunnen kwetsen als ik het niet was. Affaires zijn goedkoop, daar begin ik gewoon niet aan. **ALS JE ECHT ONGELOOFLIJK VERLIEFD WORDT, BEN JE MET DE VERKEERDE GETROUWD, DENK IK.** Als je een keer een uitglijer maakt, vind ik erover liegen ook niks. Dat doet me aan het schoolplein denken of aan vroeger thuis, als je een koekje uit de trommel had gepikt. Als je groot genoeg bent om vreemd te gaan, moet je ook maar groot genoeg zijn om je bek erover te houden. Maar goed, de komende zestig jaar niemand anders, dat is inderdaad lang. Ik ben er nog niet uit, zo'n lange relatie als ik nu heb, heb ik nog nooit gehad. Ik ben wel zo reëel, er zal best ooit iets gebeuren. En gelukkig ben ik goed getrouwd. Toen ik Conny leerde kennen, was ik een enorme slettebak. Zij zegt weleens: "Ik ken je, ik weet waarop ik heb ingekocht." Maar ze weet ook dat ik zo aanhankelijk ben als de neten. Ik ben zo'n hondje dat altijd kwispelend terugkomt, zo van: vind je me nog leuk?'

Claudia kan zich niet voorstellen dat ze ooit zou betalen voor seks. Hoewel vrouwen vergeleken bij vroeger steeds stoutmoediger worden, verwacht ze niet dat prostitutie voor vrouwen een grote bedrijfstak zal worden. 'Ik ben ooit op een sneu feest geweest waar een darkroom voor vrouwen was ingericht. Daar heeft één vrouw de hele avond zitten wachten – nee, dat was ik niet. Het klinkt misschien ongeëmancipeerd anno 2006, maar vrouwen hebben toch een andere seksbeleving. Simpel gezegd: een man steekt hem ergens in en bij een vrouw gaat er iets in, dat is een heel verschil. Mannen kunnen seks hebben omdat ze stress hebben, dat moeten ze dan even van zich afneuken. Vrouwen hebben daar moeite mee. Wij zullen ook niet snel even langs de A12 een vluggertje doen, dat duurt langer. Het moet hygiënisch zijn, het moet niet te dom zijn, we stellen meer eisen. Het heeft ook alles te maken met aanbod. Voor vrouwen is het makkelijker om aanbod te vinden. Stel, ik heb knallende herrie thuis, dan zou ik eerder de stad ingaan om zelf iemand te vangen, dan ervoor betalen. **IK WIL DAT IEMAND ME WIL OM MIJ EN NIET OMDAT IK MIJN PORTEMONNEE TREK.'**

Claudia zou door haar vrouw bedrogen kunnen worden met een man, maar ook met een vrouw, het gevaar kan van alle kanten komen. 'Ik zou me meer verraden voelen als ze me met een man bedroog dan met een vrouw. Dat is een oergevoel, ik weet niet waarop dat is gestoeld, bij een vrouw zou

'S NACHTS, AAN DE TELEFOON

's Nachts, aan de telefoon,
vertelt ze me dat het bosje op haar venusheuvel blond is.
Ander wetenswaardigs
van haar lichaam geeft ze niet, noch van haar voorkeur.
Ze boudeert:
'Als jij niet heel gauw hierheen komt
en ik ook niet naar jou toe kan rennen,
wát moet er dan van mij worden tot de ochtend?'

Dat weet ik ook niet, en ik zwijg.

À MEIA-NOITE, PELO TELEFONE

À meia-noite, pelo telefone,
conta-me que é fulva a mata do seu púbis.
Outras notícias
do corpo não quer dar, nem de seus gostos.
Fecha-se em copas:
'Se você não vem depressa até aqui
neme u posso correr à sua casa,
que seria de mim até o amanhecer?'

Concordo, calo-me.

Carlos Drummond de Andrade

ik denken: kom maar op, ik kan je hebben. Terwijl het voor haar logischer zou zijn om met een man vreemd te gaan, omdat die iets kan geven wat ik niet kan.'

Conny kennende verwacht ze niet dat het zo'n vaart zal lopen. 'Ze is heel trouw. Als ze echt verliefd wordt, zou dat waarschijnlijk op een vrouw zijn. Dan bestaat ook de kans dat ik haar kwijtraak, want zij zou zoiets alleen toelaten als ze het meent.'

Voor Claudia geen vluggertjes langs de snelweg, geen betaalde seks, geen goedkope affaires, geen stiekem gedoe, maar de liefde dan? Een hevige, overrompelende, vurige liefde met alles wat daarbij hoort? Dat je al begint te beven als hij/zij alleen maar even je hand aanraakt?

In de documentaire *O amor natural* laat Heddy Honigmann bejaarde Braziliaanse mannen en vrouwen poëzie voordragen van Carlos Drummond de Andrade. Het zijn gedichten waarin Drummond de Andrade op bloemrijke en zeer expliciete wijze seksuele lust en begeerte omschrijft. Terwijl de oude mensen de gedichten voorlezen worden ze bestormd door herinneringen uit hun eigen, soms onstuimige, seksleven en geven sommigen onomwonden toe hoe vreselijk ze die tijd missen. 'Die documentaire is prachtig, ja, ik heb hem gezien. Natuurlijk, een allesoverrompelende, gepassioneerde verliefdheid kan tegelijkertijd geweldig, afschuwelijk, zalig en verschrikkelijk zijn. **HET IS EEN MOOIE GEDACHTE DAT HET ER IN HET LEVEN OM GAAT ZOVEEL MOGELIJK LIEFDESHERINNERINGEN TE MAKEN, MAAR IK VIND HET OOK MOOI OM ER ZOVEEL MOGELIJK MET ÉÉN IEMAND TE MAKEN.'**

LEONTIEN VAN MOORSEL

'Met drie kerels, MET VIER KERELS, MET EEN VROUW ERBIJ, *weet ik veel,* ALLES.'

Leontien is preuts. Je zult haar nooit tegenkomen in een sauna, ze moet er niet aan denken om in haar blote muts voor een camera te huppelen en ze is geen type voor een onenightstand.

'Zo ben ik altijd geweest. Ik vind veel mensen vies, misschien heeft dat er ook mee te maken. **IK HEB WELEENS VRIENDJES GEHAD DIE ZICH NIET VERZORGDEN, GADVERDAMME, WAT IS DAT GOOR.** Of als je bij een sportevenement komt, hoeveel mensen daar naar zweet stinken, verschrikkelijk. En dan bedoel ik niet zweet van een paar uurtjes, die hebben een week niet gedoucht. Als ik in een lift tussen stinkende mensen sta, krijg ik het Spaans benauwd. Bij huldigingen in het buitenland ruiken ze vaak uit hun mond of hebben ze vieze tanden. Dan denk ik: je zal er maar mee moeten zoenen, dan ga je toch dood?'

Geef Leontien maar liever haar eigen vent. Daar is ze al elf jaar mee getrouwd, ze zijn nog steeds hartstikke gek op elkaar en allebei stikjaloers. 'Als ik hem zie, denk ik nog altijd: ha lekker, daar heb je mijn ventje. Wat wij hebben is uniek. Normaal ging ik me na drie maanden irriteren aan een kerel, bij hem heb ik dat nooit gehad. We hebben ook al zoveel meegemaakt, toen hij verliefd op me werd woog ik veertig kilo, daarna werd het vijfentachtig. Hij is altijd achter me blijven staan, bij de grote wedstrijden was hij mijn coach. Hij heeft mijn overwinningen van dichtbij gezien, maar ook mijn nederlagen.'

Flirten doet ze wel, maar met mate. 'Vroeger was ik heel erg, hoor. Ik vind het nog altijd leuk als mannen naar me kijken, maar als Michael zou flirten, zou ik dat ook niet leuk vinden, daarom doe ik het niet als hij erbij is. En als hij er niet bij is, heb ik een rem. Dan is het: ho, tot hier en niet verder.'

Of er in de wielerwereld veel wordt gerotzooid, zou ze niet durven zeggen, maar ze kan zich er wel iets bij voorstellen. 'Een beroepsrenner is een halfjaar van huis! Je hebt toch gevoel in dat ding, na een paar maanden heb je het toch wel gehad met het zelf moeten doen? Vlak voor de wedstrijden moeten ze niet teveel toeren uithalen, want dan krijgen ze pap in hun benen. Als ik intensief trainde, stond ons seksleven op een laag pitje. Ik zat zes uur per dag op de fiets, 's avonds viel ik als een blok in slaap, steek dat ding maar in het stopcontact, zei ik dan.'

Als je eenmaal getrouwd bent, mag je wel stout denken, maar niet meer stout doen, vindt ze. 'Ik haat al die mooie kerels echt niet, hoor, ik ben blij dat ze rondlopen. Maar het is voor mij zo duidelijk dat ik Michael pijn zou doen als ik me zou laten gaan en omgekeerd zou het mij ook pijn doen, dat houdt me sterk. Je gaat toch niet alleen voor lust alles naar de klote laten gaan? Aan de andere kant ben ik er ook een voorstander van om alles een keer te proberen, want dan pas weet je wat het is en hoe het voelt. Dat had ik bij de marathon van New York, dat wilde ik een keer meemaken. Dat geldt dus ook voor seks. Met drie kerels, met vier kerels, met een vrouw erbij, weet ik veel, alles. Maar ja, voor een vrouw erbij ben ik te jaloers en een man erbij, dat zou Michael niet trekken. Waarschijnlijk ben ik er ook te preuts voor. Ik moet echt vertrouwd met iemand zijn voordat ik ermee naar bed ga, ik heb ook nooit vakantievriendjes gehad. Je hoort meisjes tegenwoordig weleens zeggen van: o, da's een lekkere vent, daar ga ik het mee doen. Dan denk ik, jezus christus, ik zou het niet durven.'

Haar man is nog degelijker dan zijzelf. 'Met hem zou ik best meer durven. **IK ZOU HET WELEENS OP DE EIFFELTOREN WILLEN DOEN, OP EEN PARKEERPLAATS OF OP HET STRAND, MAAR DAN ZEGT HIJ: "TINUS, DAT KAN NIET, DE MENSEN KENNEN JOU."** Hij overleeft het niet als iemand ons zou betrappen, hij doet het liever gewoon in bed. Ik heb dan weer dat als Moppie wakker wordt, ik vind dat die het eigenlijk niet mag zien.'

Ze praat met haar vent net zo makkelijk over seks als over haar schoenen. 'Daar zijn we heel vrij in. Dat is erg fijn in onze relatie, we zijn zo vertrouwd samen, ik kan bij hem helemaal mezelf zijn. Heerlijk is dat, zodra je thuis bent, hoef je je niet meer beter voor te doen, dan hoef je niks meer. Ik kan poepen met de deur open, het maakt niet uit. Dat is zo lekker. Ik ben ook helemaal niet netjes. Michael is daar al aan gewend, maar stel je voor dat je een andere vent krijgt. Dan moet je ineens weer keurig gaan eten, met de deur dicht poepen, ik moet er niet aan denken. Daarvoor alleen al blijf ik Michael trouw.'

'Een man naakt vastbinden
OP EEN EETKAMERSTOEL
ZODAT HIJ MET ZIJN HANDEN
nergens meer bij kan
OP AFSTAND VAN NOG GEEN METER VOOR ZIJN NEUS
EEN *waanzinnige striptease* WEGGEVEN
EN HEM MET REGELMAAT PLAGEN
BIJ ZIJN EROGENE ZONES. DIT NET ZO LANG
VOLHOUDEN *tot hij bijna explodeert*
OM VERVOLGENS JEZELF IN HEM *heerlijk*
KLAAR TE RIJDEN TOT EEN *overweldigend*
orgasme.

ZO
STOUT BEN JIJ • STOUT BEN JIJ •

OP EEN HEEL FOUT FEESTJE krijg ik wat met J. Het is een week na mijn dertigste verjaardag. Ik ben al twaalf jaar met Robert, we hebben een zoontje van drie. De relatie met Robert is goed, voor altijd, veilig en vertrouwd, maar af en toe een beetje stoffig, zeker in bed. **IK BEN HET ZAT OM ALTIJD BRAAF TE ZIJN, HET IS TIJD OM STOUT TE ZIJN.**

De verhouding met J. is spannend en verslavend, hij zoent geweldig en dan hebben we het nog niet over de seks. Na het foute feestje "spreken" we elkaar alleen op msn. We denken dat we elkaar pas na de vakantie weer kunnen zien, acht lange weken liggen in het verschiet.

Dan doet zich een onverwachte kans voor. Ik kan midden in de nacht ongezien het huis verlaten. Meteen vuur ik een sms-bombardement af op J., die elders in de stad zit te pokeren. Na enige dreigementen van mijn kant, laat hij zijn pokervrienden in de steek voor een vrijpartij in mijn straat. We ontdekken een paar bankjes in een donker hoekje naast de rijschool, op steenworp afstand van mijn huis, waar je prima de liefde op kunt bedrijven.

Dit wordt de ontmoetingsplek waar we soms afspreken als iedereen slaapt.

Als ik met mijn zoon een paar dagen bij mijn ouders doorbreng in Wassenaar, mag ik van hen een verlaat verjaardagscadeau uitzoeken. Ik kies een setje van Marlies Dekkers. Onder het mom van een avondje stappen in Rotterdam met vrienden, laat ik zoonlief achter bij opa en oma. J. heeft een kamer gereserveerd in het Golden Tulip Rotterdam. En niet zomaar een kamer, het is de

panorama suite met sauna en magnifiek uitzicht over de Erasmusbrug. Het setje zorgt voor een mooie start en al snel volgen wilde sessies op de Hästens bedden, designer stoelen, in het bubbelbad, onder de douche, op de tafel en vensterbanken. De veronderstelling dat het glas waardoor we het panoramische uitzicht bekijken, geblindeerd is, blijkt later een verkeerde aanname te zijn geweest. De oplettende voorbijganger heeft een paar verticale standjes mogen bewonderen.'

STOUT & (NIET MEER) getrouwd

ANITA WITZIER

'De romantische liefde is een kulverhaal. Het belemmert je visie op de werkelijkheid en het misleidt je gevoel.

Doordat ik er lang in geloofde, heb ik een paar keer flink misgekleund. Achteraf denk ik dat mijn moeder gelijk had. Je moet altijd je verstand gebruiken. Vertrouw eerst je gedachten, daarna pas je gevoel.'

Anita Witzier heeft één grote liefde gehad, is twee keer getrouwd geweest, twee keer gescheiden en heeft nu een LAT-relatie. 'Die ene grote liefde heeft een jaar of vier geduurd, hartverscheurend was het, ik wilde voor hem sterven. Zoiets maak je een keer in je leven mee. We waren jong, het was heel intens, maar het hield op. Vijftien jaar later heb ik hem nog een keer teruggezien. Ik was ontzettend benieuwd of hij zijn idealen had verwezenlijkt en hoe hij in het leven stond, in mijn achterhoofd was ik nog altijd met hem bezig. We hebben elkaar ontmoet, we zijn uit eten geweest, hebben bijgepraat en toen was het klaar, een enorme bevrijding.'

Ze trouwde niet met haar grote liefde, ze trouwde met een ander, het huwelijk duurde een jaar. Formeel een jaar, omdat je pas na een jaar mag scheiden, informeel was ze al na twee maanden vertrokken. Anita vindt het gênant om erover te praten, ze schaamt zich er nog steeds voor. 'Met lood in mijn schoenen heb ik het aan mijn ouders verteld, heel moeilijk vond ik dat, ik bleef het uitstellen. Ze waren juist zo blij dat ik getrouwd was, op mijn zesentwintigste jaar was ik eindelijk geborgen. Hun eerste reactie was klassiek: "Kind, wat doe je ons aan?" Verschrikkelijk vonden ze het. Ze woonden in een dorp waar iedereen iedereen kent, ze zouden erop worden aangekeken en namen mij dat zeer kwalijk, al hebben ze me nooit de deur gewezen. **VOOR MIJN OUDERS WAS HET HUWELIJK EEN HEILIG INSTITUUT, GEEN ROMANTISCH SPROOKJE, MAAR EEN VERANTWOORDELIJKHEID DIE JE AANGAAT VOOR EN MET ELKAAR.** Ik verwijt ze hun reactie niet, ik heb mezelf wel veel verwijten gemaakt. Ik ben aan mijn vaders arm die kerk ingestapt met een verkeerd idee. Als we eenmaal getrouwd zijn, veranderen er dingen, dacht ik, dan kom ik wel op de eerste plaats. Natuurlijk gebeurde dat niet. We kenden elkaar al lang, ik had beter moeten weten en niet met hem moeten trouwen. Dat ik dat toch heb gedaan, vond ik dom. Het voelde als falen.'

Ze nam het zichzelf lang kwalijk, maar ontmoette een nieuwe liefde en waagde opnieuw de sprong. Met haar tweede man kreeg ze een zoon en een dochter. Ogenschijnlijk lachte het leven haar toe: ze had een man, twee kinderen, leuk werk en een mooi huis. Toch voelde ze zich niet goed, zowel lichamelijk als geestelijk. 'Ik kreeg last van mijn lijf, mijn knieën werden dik, soms kon ik nauwelijks lopen. Eerst was ik bang, daarna werd ik boos. Een dag heb ik niet gewerkt, voor de rest vond ik dat ik me niet mocht aanstellen, ik moest doorgaan, hup, ontstekingsremmers slikken en doorgaan. Intussen herkende ik mezelf niet meer, ik voelde me zo verbitterd en boos dat ik naar een mevrouw uit het alternatieve circuit ben gegaan. Ik ging daar liggen, ze wist niets van mijn privé-leven en ze zei dingen over mij die zo raak waren, dat ik alleen maar kon janken. Ze doorzag mijn situatie. Dat ik niet naar mezelf luisterde, dat ik altijd deed alsof alles koek en ei was omdat ik vond dat ik dat moest doen. Dat ik nooit klaagde, want als je klaagt ben je ontevreden en dat mag je niet zijn, dat had ik van huis uit meegekregen. Wat ik helemaal niet mocht, was falen, want ik had al een keer gefaald en daarna had ik dat woord uit het woordenboek geschrapt. Het mocht alleen goed gaan, het móest goed gaan. Maar dat ging het niet.'

Uiteindelijk eindigde ook haar tweede huwelijk in een scheiding. Ze is daarna in therapie gegaan omdat ze worstelde met de vraag waarom het haar weer niet was gelukt. **'IK HEB VEEL VAN DE VADER VAN MIJN KINDEREN GEHOUDEN, DAT IS NIET ZOMAAR UIT TE WISSEN.** Als er nu iets met hem zou zijn, zou ik rustig zeggen: trek hier maar in, we slepen je er wel doorheen. De wederzijdse aantrekkingskracht was enorm, maar die was dus niet genoeg. Wat ik ervan heb geleerd, is dat je je niet blind moet staren op de liefde alleen, op dat romantische idee: we houden zoveel van elkaar, het komt vanzelf wel goed. Blijf werken aan je relatie, blijf in gesprek, trek bijtijds aan de bel als je iets dwarszit en probeer een scheiding te voorkomen. Als je kinderen hebt samen, investeer dan liever extra in je relatie, hou vol, dat is altijd beter dan uit elkaar gaan met alle ellende die daaruit voortkomt.'

Sinds een paar jaar heeft Anita een partner met

wie ze half LAT en half samenwoont. 'Hij is relaxed. We passen bij elkaar, we hebben het leuk samen en we verheugen ons er altijd op elkaar weer te zien. Dat is het voordeel van een LAT-relatie, je houdt het lang spannend. De belangrijkste reden dat het zo goed gaat is communicatie, we praten met elkaar, maken ruzie en, heel belangrijk, we luisteren naar elkaar. Het is geen vrije relatie, we hebben het er weleens over gehad, maar het zou voor ons niet werken. Wat ook weer niet wil zeggen dat de ander bij een misstap meteen de deur uit wordt gezet. Er is ook nog zoiets als heel veel houden van en zoveel andere mooie en leuke dingen die je samen deelt. Die geef je toch niet zomaar op?'

Door alles wat ze op relatiegebied heeft meegemaakt, heeft Anita veel geleerd. 'Jezelf leren kennen en accepteren, zowel je goeie als je kwade kanten, is een lang proces. Ik heb geleerd vaker met mijn vuist op tafel te slaan, om te praten over wat me dwarszit in plaats van alles binnen te houden. Het helpt enorm als je vrijuit durft te spreken, ook al is dat doodeng omdat je weet dat je de ander misschien kwetst. Hoe langer je bij elkaar bent, hoe moeilijker het ook wordt om je grieven te uiten.'

Als het gaat om liefde en seks worden we met zijn allen enorm voor de mal gehouden, vindt ze. In Amerikaanse kaskrakers vallen de hoofdpersonen elkaar na een paar simpele misverstanden altijd teder in de armen. Ze zou wel eens een grote publieksfilm met pak hem beet Julia Roberts willen zien waarin de seks uitloopt op een gênante toestand. **'DAT HET ZOENEN VOOR GEEN METER GAAT, DAT ZIJN PIEMEL TE KLEIN IS, DAT HET AL MET AL EEN GROTE TELEURSTELLING WORDT.** Door al die romantische filmscènes met open haarden en berenvellen denk je: zo zal het gaan, helemaal vanzelf, maar zo gaat het lang niet altijd en dat durf je dan niet te zeggen. Stel je voor dat jouw partner niet goed is in een bepaalde handeling, hoe zeg je dat dan na een paar jaar? En als hij het dan ineens anders gaat doen, moet je dan aanwijzingen gaan geven of zo? Dat wordt hartstikke geforceerd. Toen ik jong was, besprak ik altijd elk detail met mijn vriendinnen, maar nooit met de persoon in kwestie, daarvan werd zo'n jongen natuurlijk niet veel wijzer. In die tijd wisselden we geregeld van verkering, dus dan werd een mogelijk probleem vanzelf opgelost. Op onze leeftijd kun je je dat niet meer permitteren. En dan moet je toch wat als je ergens mee zit. Praten! Een boek op tafel laten slingeren dat erover gaat. Dit boek desnoods. Met deze passage onderstreept. En dan maar hopen dat hij hapt.'

CATHERINE KEYL

Catherine Keyl zit alleen aan een bar in Bangkok. Ze drinkt meer dan goed voor haar is. Haar vriend is er met de buurvrouw vandoor gegaan. Haar eigen programma is gestopt. Ze heeft financiële problemen. Ze is vijfenvijftig jaar, bang dat ze voorgoed is uitgerangeerd en dat niemand haar ooit meer zal willen.

'In de tijd dat ik alleen in Bangkok zat, was ik knock-out. Ik was ervan overtuigd dat ik alleen verder zou moeten en besloot een maand in mijn uppie te gaan reizen, zodat ik gelijk wist hoe dat was. Ik ben met de Oriënt Express naar Birma gegaan, daar kon ik niemand verstaan en kende niemand mij. Het was een fantastische reis, ik heb leuke contacten opgedaan. Ik kwam als herboren terug.'

Zes jaar later. Catherine heeft nieuw geluk gevonden bij haar elf jaar jongere vriend Maurits. Ze heeft zich op tv gerevancheerd met de populaire talkshow *Max en Catherine*. Ze heeft besloten het rustiger aan te doen en meer te genieten van het leven. Ze is net geridderd in de Orde van Oranje Nassau. De buurvrouw belt aan, of ze zin heeft in koffie. Dat heeft Catherine. En tijd ook, voor het eerst in jaren. Catherine heeft een turbulent leven geleid, altijd hard gewerkt en aan mannen heeft het haar nooit ontbroken. 'Mijn ouders waren zeer vooruitstrevend. Al bij mijn eerste vriendje begon mijn vader meteen over condooms. Erg goed vond ik dat. Mijn hele leven heb ik vriendjes gehad. Toen ik studeerde, kreeg ik de kans om naar Montreal te gaan om bij de wereldtentoonstelling als hostess te werken. Ik ben niet gegaan, heel stom, omdat ik mijn vriendje niet alleen wilde laten. Natuurlijk had ik moeten gaan, het was een prachtige kans, maar ik vond dat ik dat niet kon maken.'

Seks met liefde en seks zonder, ze kent beide verschijningsvormen. 'Ik heb onenightstands gehad, bijvoorbeeld als ik op reis was voor mijn werk. Als je dan iemand tegenkomt met wie je de nacht doorbrengt, is dat fijn, maar het is niet de ultieme seks. Het is lust. **HET IS EEN BEETJE ZOALS JE NEUS**

SNUITEN. IK HEB HET GEDAAN, MAAR EIGENLIJK VIND IK HET ARMOE. Dat ik het toch kon, heeft denk ik te maken met het feit dat mijn vader me opvoedde als een man. Heel zelfstandig, zo opereerde ik altijd, dus ook op dat gebied.'

Haar huwelijk eindigde na drieëntwintig jaar in een scheiding. De koek was op, het boek was uit, het enige waar ze spijt van heeft, is dat ze de boel zo lang heeft laten voortslepen. 'Ik had het tien jaar eerder moeten doen, het was zonde van mijn tijd. Hij was geen rottige man, integendeel, hij was een lieve schat, hij sloeg me niet, niets van dat alles, ik heb veel van hem geleerd en hij heeft me gestimuleerd, maar op een gegeven moment was het klaar. Het huwelijk droeg niets meer bij aan mijn leven. En de passie was ook over. Natuurlijk waren onze levens helemaal in elkaar gevlochten, het is makkelijker om in een huwelijk te blijven zitten dan eruit te stappen. Het heeft me veel energie gekost, dat was verschrikkelijk, want als je het niet echt slecht hebt, waarom zou je het dan opbreken? Ik deed het toch, omdat het me belemmerde in mijn groei. Nu heb ik een relatie waarin ik niet belemmerd word. Er is een nieuwe wereld met nieuwe mogelijkheden voor me opengegaan.'

Ze gelooft in monogamie. Plat gezegd zou ze het geen prettig idee vinden als haar vriend zijn lul overal zou insteken. 'Omdat ik toch veel in mijn relatie investeer. Ik kan zelf ook geen seksuele relaties naast mijn hoofdrelatie hebben. Een keertje een emotieloze wip zou misschien nog gaan, maar een echte relatie naast mijn eigen relatie, dat trek ik niet. Ik heb me vaak afgevraagd waarom het niet werkt en wat er nou erg aan is, ik weet het niet, ik kom er niet uit. Het heeft te maken heeft met genitaliën, denk ik. Daar zit een waas van heiligheid omheen. Ik laat niet iedereen aan mijn borsten en vagina komen. Als je intiem bent met elkaar moet je als vrouw je benen wijd doen en een man laten binnendringen. Natuurlijk kun je een man ook in je hoofd laten doordringen, maar dat vind ik toch een essentieel verschil. Voor mannen ligt het anders. Zij kunnen veel makkelijker seks hebben met iemand met wie ze geen relatie hebben, zelfs met de meest onaantrekkelijke vrouwen. Ik heb een keer met zo'n meisje gesproken die door een loverboy voor het raam was gezet. Ze zag er niet uit, zo dik, maar klanten genoeg. **IK DACHT: WAT ZIJN MANNEN TOCH EIGENLIJK BEESTEN.'**

Voor vrouwen die denken dat hun begeerlijkheid afneemt met het klimmen der jaren heeft ze opwekkend nieuws. 'Laatst zat ik in een bus van het vliegveld in Nice, er stond een Franse agent op de stoep, die zag me en maakte even snel een geil gebaar met zijn tong. En ik ben zestig, hè? Ik heb een reportage gemaakt in een sekssauna in Amsterdam. Daar kwam een vrouw van zeventig jaar, die had het meeste aanspraak van iedereen. Ze lag daar te rollebollen met de ene man na de andere. "Waar zit dat 'm nou in?" vroeg ik die eigenares. "Uitstraling," zei ze. Het maakt dus niet uit of je vijftig, tachtig of twintig bent, je hebt het of je hebt het niet.'

Flirten vindt ze de leukste levenskunst die er is. Het is essentieel voor een vrouw, vindt ze, om je begeerd te voelen. 'Als ik het idee heb dat geen man naar me omkijkt, word ik ongelukkig. Dus natuurlijk flirt ik en mijn vriend doet dat ook, die vindt het ook een kick als een mooie vrouw hem ziet staan. Laatst moest ik Julio Iglesias interviewen, ik dacht, hoe pak ik dat aan? Die man heeft al zesduizend interviews gegeven. Mijn redactrice zei: "Maak je geen zorgen, het wordt goud. Hij valt op vrouwen en jij valt op mannen." Ik zei nog: "Doe niet zo naïef, die Julio ziet mij echt niet zitten." Ik kom binnen, hij zegt: "Wat leuk om u te ontmoeten." Ik zeg: "U bent net zo'n flirt als ik dacht." Voor ik weet wat er gebeurt, trekt hij me op zijn schoot en stelt hij voor om zo samen de aankondiging van het programma te doen. En dat hebben we gedaan, ik op schoot bij Iglesias, zie je het voor je? Dan weet je: dit is een man die van vrouwen houdt, die het spel kent. Ik ben ervan overtuigd dat hij geen ander aanraakt dan zijn eigen vrouw, maar hij geniet van het spel. Dat is een kunst, om een ander het gevoel te geven van jij bent bijzonder, jij bent leuk, het is fijn om in jouw gezelschap te zijn. Neem van mij aan, mijn dag is goed als ik langs een steiger loop en bouwvakkers fluiten. Dat maakt het leven bruisend.'

WILLEKE ALBERTI

'Ik ben drie keer getrouwd en drie keer gescheiden. Ik heb van elke echtgenoot een kind gekregen: Daniëlle van Joop, Johnny van John en Kaj van Sören. Dit aspect van mijn leven komt in elk interview terug. Ik snap dat het in jullie ogen misschien heel stout lijkt om drie kinderen van drie verschillende mannen te hebben, maar weet wel: het is nooit de bedoeling geweest dat het zo zou lopen.'

Ze was het liefst met haar vader getrouwd. Haar leven lang is ze op zoek geweest naar een man die aan hem kon tippen, maar ze heeft hem niet gevonden. Ze vindt het moeilijk om uit te leggen wat zo bijzonder aan hem was. Twee handen op een buik waren ze, hij was haar soulmate, ze begrepen elkaar door en door, zonder woorden. Als ze samen waren, of dat nu onderweg in de auto was of op de planken, was het goed. In feite was hij haar grote liefde. Ze mist hem nog elke dag.

'Het overlijden van mijn vader is het ergste wat me tot nu toe is overkomen, erger dan al mijn echtscheidingen bij elkaar. Ik was er kapot van, het kwam totaal onverwacht. Ik was veertig, hij was achtenvijftig jaar toen hij overleed. Dat is jong, veel te jong. Het jaar erop overleed Willem Ruys, een goed vriendje van me, dat was de tweede klap die ik te verwerken kreeg, het was een zware tijd.'

Willy Alberti heeft alle drie de echtgenoten van zijn dochter gekend. Dat de eerste een vrijbuiter was, zag hij op een kilometer afstand, met de tweede had hij geen enkele klik, met de derde kon hij nog het beste overweg. Het moet voor haar echtgenoten niet altijd makkelijk zijn geweest om getrouwd te zijn met een vrouw voor wie ze weliswaar belangrijk, maar nooit de allerbelangrijkste waren. Alsof de schaduw van Willy altijd ergens boven hen hing. Het was onmogelijk om een ideale man voor Willeke te zijn, want die had ze al gevonden, alleen was dat uitgerekend de man met wie ze niet kon trouwen.

'Van mijn drie echtgenoten was Sören degene die het meest op Willy leek. Toen hij nog leefde, was er een wonderlijk evenwicht tussen mijn vader, mijn man en mij. Wat ik bij Sören aan mentale steun miste, haalde ik bij mijn vader. Zodra hij wegviel, raakte de balans zoek en dat kwam niet meer goed. Sören begon vreemd te gaan, we raakten elkaar kwijt en lagen op het laatst alleen nog maar zappend op de bank. Het vonkte niet meer. Sören is een lieve man en een goede vader, maar ik kon er niet mee door. Het boek was uit. Het was een moeilijke beslissing, maar wel de juiste.'

De scheiding van haar eerste man had een andere oorzaak. 'In mijn huwelijksjaren met Joop was de flowerpowertijd volop aan de gang, het was de tijd van de seksuele revolutie, van de vrije seks. Als je daar niet aan meedeed, hoorde je er niet bij. **SEKS MET EEN VROUW, SEKS MET Z'N DRIETJES, IK HEB HET ALLEMAAL GEDAAN, ZIJ HET NIET VAN HARTE, MEER OMDAT MIJN MAN HET ZO LEUK VOND.** Joop was een seksuele avonturier, hij had meerdere verhoudingen, op een gegeven moment kon ik er niet meer tegen. Ik heb andere normen en waarden. Ik ben op latere leeftijd genoeg leuke mannen tegengekomen, maar als ze getrouwd waren, begon ik er niet aan. Ik weet hoe het is om bedrogen te worden, ik wil niet de vrouw zijn met wie een man zijn eigen vrouw bedriegt.'

Haar tweede huwelijk eindigde omdat haar man verliefd werd op een andere vrouw en haar verliet. Drie echtscheidingen op een rij, maar Willeke bleef overeind. Natuurlijk heeft ze sombere en bittere momenten gehad. Natuurlijk heeft ze gedacht: waarom moet mij dit overkomen? Natuurlijk heeft ze haar exen weleens vervloekt, maar inmiddels heeft ze met alle drie normaal contact en gunt ze hen het beste. Ze is niet aan de drank geraakt, ze verslonsde niet, maar bleef zich goed verzorgen, ze vond steun bij vriendinnen en zelfhulpboeken. 'Blijven lachen' is haar levensmotto en dat is ze blijven doen, ondanks alle tegenslag. 'Ik geloof in de liefde,' zegt ze zonder enige ironie. **'IK GELOOF DAT ER EEN GROTE LIEFDE BESTAAT DIE EEN LEVEN LANG KAN DUREN, DIE VOLMAAKT IS EN IK DENK DAT IK DAAR ALTIJD NAAR OP ZOEK BEN GEWEEST.** Misschien was een van mijn ex-echtgenoten mijn grote liefde wel, misschien had ik hem wel gevonden, maar is het ons door omstandigheden niet gelukt. Nee, ik ga niet zeggen wie van de drie dat dan was. Mijn exen zijn nu alle drie gelukkig met een andere vrouw, ik ben geen stoker.'

Willeke's lichtende voorbeeld zijn tante Beppie en ome Ton. 'Het klinkt naïef, maar zoals ik geloof in eeuwigdurende liefde, geloof ik ook in eeuwigdurende passie. Mijn tante Beppie is al vijfenvijftig jaar met ome Ton en ik weet zeker dat zij nog steeds dol op elkaar zijn, ook in lichamelijke zin. Altijd als mijn tante voorbij komt, geeft mijn oom haar heel liefkozend een tik op de billen. Ze lusten elkaar nog, dat zie je eraan af. Prachtig vind ik dat. Voor mij is dat het mooiste: Samen opa en oma worden. Dat meen ik oprecht.'

WAT IEDERE VROUW OVER HET HUWELIJK ZOU MOETEN WETEN

'Wat is de grootste samenzwering in de geschiedenis van de mensheid? Niet de moord op Kennedy of het Watergate-schandaal. Het is een complot zo verraderlijk en diepgeworteld in onze maatschappij dat niemand meer doorheeft hoeveel schade het aanricht: het huwelijk.'
Aan het woord is Kristin Armstrong, de ex-vrouw van Lance Armstrong, in een door haarzelf geschreven artikel, beter gezegd, pamflet. Wat ik had willen weten over het huwelijk *is haar waarschuwing aan alle vrouwen die dromen over een sprookjeshuwelijk in de categorie en-ze-leefden-nog-lang-en-gelukkig.*
In 1998 trouwde Kristin met droomprins Lance, die ze een jaar daarvoor had ontmoet. Ze gaf haar goedbetaalde baan op, verhuurde haar huis, verkocht haar auto en verhuisde naar Frankrijk, zodat haar kersverse echtgenoot zich volledig kon focussen op het wielrennen. Al snel kregen ze drie kinderen, onder wie een tweeling, die Kristin volledig verzorgde. Ze leken een volmaakt gelukkig gezin.
Terwijl Kristin haar uiterste best deed om haar leven als echtgenote en moeder te laten slagen, verloor ze zichzelf. 'Het huwelijk kan je identiteit uithollen. Als je niet oppast, word je een ja-knikker. Je rolt in een gedragspatroon waarin je alleen nog probeert te pleasen, je verandert in iemand die je nauwelijks herkent en waarschijnlijk niet eens mag. Ik probeer vrouwen hiervoor te waarschuwen, omdat ik wilde dat iemand mij ooit had gewaarschuwd.'
Kirstin legt de schuld met nadruk bij zichzelf, niet bij haar ex-echtgenoot. 'Lance heeft nooit onredelijke eisen gesteld of me verteld hoe ik me moest gedragen. Het was niet zo dat hij de lakens uitdeelde terwijl ik het timide muisje was. Ik probeerde de perfecte vrouw en moeder uit te hangen of in ieder geval te voldoen aan het beeld dat ik daarvan had. Ik deed dat allemaal voor ons huwelijk, tenminste, dat dacht ik, maar als je nu aan Lance zou vragen of hij dat waardeerde, zou hij waarschijnlijk zeggen: "Zij was niet de vrouw op wie ik verliefd was geworden."'
Kristin's huwelijk was niet meer te redden. Ze trok er een les uit die ze met alle vrouwen – verliefd, verloofd, getrouwd, gescheiden – wil delen: 'Als je man vraagt wat je ergens van vindt, zeg dat dan. Als je iets graag wilt, laat dat blijken. Als je een vraag hebt, gooi hem in de groep. Als je zin hebt om te huilen, snotter maar raak. Als je hulp nodig hebt, pak een witte vlag en begin te zwaaien. Ik heb vijf jaar lang geprobeerd te jongleren met tien ballen in de lucht. Nooit heb ik gezegd dat ik het niet in mijn eentje kon of dat ik moe was. Ik was een gevangene van mijn eigen onvermogen om "Ho! Stop!" te zeggen toen het me teveel werd.'

Bron: Kristin Armstrong, *Glamour Magazine*, april 2006
Oprah, 2006

'FLIRTEN IS BROODNODIG. ELKE DAG, MET IEDEREEN.'

SYLVANA SIMONS

Sylvana's leven is een feelgood verhaal. Ze heeft twee prachtige, gezonde kinderen, een jongen en een meisje. Ze woont in een riante koopwoning met vrij uitzicht in Duivendrecht. Ze is een rasoptimist, heeft een goedbetaalde baan bij de televisie, een nieuwe liefde en ***last but not least***: ze is beeldschoon. Alsof ze haar kinderen heeft opgehoest, in plaats van gebaard.

Sylvana's leven is geen feelgood verhaal. Haar vader pleegde zelfmoord. De vader van haar zoon deed dat ook. Haar relatie met de vader van haar dochter ging voorbij. Ze trouwde in 2003 met haar grote liefde, drie jaar later was de echtscheiding een feit. Was Sylvana op het slechte pad geraakt, dan had haar advocaat er een makkie aan gehad: 'Ik wil niets goedpraten, edelachtbare. Ze heeft die bank overvallen en ja, daarbij zijn schoten gevallen en ja, daarbij is een groot deel van het personeel omgekomen. Maar zeg nou zelf, hoe kan het ook anders met zo'n achtergrond? We hebben het over een zwaar getraumatiseerde vrouw, edelachtbare. Een taakstraf is eigenlijk al teveel.'

Sylvana heeft geen strafblad en oogt verrassend vrolijk. 'De scheiding was voor mij een enorme bevrijding. Ik was er niet verdrietig onder, het voelde bijna als een openbaring. Het was onderdeel van het proces waarover wij nu praten. **IK BEN WIE IK BEN, IK BEN VRIJ, IK BEN STOUT EN DIT HUWELIJK MOEST IK LATEN GAAN.** Het verenigde zich niet met mij. Ik had een droom en die bleek totaal onrealistisch. Na de scheiding kreeg ik veel reacties van mensen die medelijden met me hadden. Die moest ik dan uitleggen dat ze dat echt niet hoefden te hebben, dat ik oké was, maar dat ging er niet in. Het hoort niet, hè?'

Sylvana was getrouwd omdat ze dacht dat ze dat graag wilde. Ze wilde een man en veel kinderen en die kreeg ze, want niet alleen haar kersverse echtgenoot, ook zijn twee dochters trokken bij haar in. Ze schreef een boek over haar nieuwe, samengestelde gezin en alles leek koek en ei. 'Vlak na onze bruiloft bleek dat mijn echtgenoot grote financiële problemen had. Dat kreeg ik in mijn schoot geworpen, terwijl ik er niks mee te maken had. Maar dat was niet het belangrijkste. Het ging vooral mis omdat ik niet kon zijn wie ik ben. Dat was mijn eigen schuld. Ik heb van tevoren niet goed aangegeven wat ik wilde.'

Een paar maanden na haar scheiding zag Sylvana de ex-vrouw van Lance Armstrong bij *Oprah*. 'Zij vertelde dat ze zich had laten wegvloeien in haar huwelijk, dat ze had geprobeerd de perfecte huismoeder, echtgenote en gastvrouw te zijn. Toen ik haar hoorde praten, dacht ik ja, dat is precies wat ik bedoel. Ze zei het zo mooi, ik heb de uitzending opgevraagd. Zodra je trouwt ga je je ineens gedragen volgens het regeltjesboek dat we allemaal hebben. In mijn huwelijk bleken er veel meer sociale en maatschappelijke verplichtingen te zijn dan ik had gedacht. Daar moest ik naartoe als de-vrouw-van en dat deed ik ook, maar met steeds grotere tegenzin.'

Ze ontdekte dat ze niet in staat was de offers te brengen die voor een huwelijk nodig zijn, omdat een aantal daarvan haar te ver gaan. 'Ik ontdekte dat ik graag dingen alleen doe. Daarover voelde ik me schuldig. Heel concreet: per definitie samen op vakantie moeten, gaat mij te ver. Je geeft als je trouwt een stuk van je eigen identiteit op. Bij alles wat je doet, ben je niet alleen jezelf, maar ook de-vrouw-van. Als ik naakt op de Dam ga staan, zeggen ze niet alleen: die Sylvana Simons is gek geworden, ze spreken ook je man erop aan. Die verantwoordelijkheid kan en wil ik niet altijd dragen.'

Haar huidige vriend woont in Londen, ze vliegt geregeld heen en weer. 'Ik had er ook voor kunnen kiezen om naar hem toe te verhuizen, maar heb dat bewust niet gedaan. Mijn carrière is te leuk en belangrijk. **TOEN IK NOG ZOEKENDE WAS, BEN IK OVER VEEL GRENZEN HEEN GEGAAN OM HET EEN MAN MAAR NAAR ZIJN ZIN TE MAKEN.** Dat zal me niet meer gebeuren, ik moet eerder uitkijken dat ik tot geen enkel offer meer bereid ben.'

Soms moet ze er zelf om lachen, om de dertiendelige dramasoap die haar leven heet. 'Elke keer denk ik: gekker dan dit kan het niet worden, nu is het boek klaar, maar dan gebeurt er toch weer wat. Het maffe is: ondanks alles blijf ik rustig en word ik steeds gelukkiger. Ik word niet gekker. Integendeel.'

HOE STOUT BEN JIJ?

DOE DE TEST EN ONTDEK HOE STOUT JE BENT.

De test bestaat uit een aantal erotisch geladen gebeurtenissen. Stel jezelf telkens de vraag of jij dit ooit hebt meegemaakt. Heb je als kind doktertje gespeeld met je buurjongen? Dan krijg je vijf punten. Heb je als kind doktertje gespeeld met je buurmeisje krijg je tien punten.

Verderop in de test zie je gebeurtenissen die je op latere leeftijd kunt hebben meegemaakt. **DOKTERTJE SPELEN STAAT DAN VOOR EEN SEKSUEEL GETINTE ONTMOETING.** Hoe stouter het doktertje spelen is, des te meer punten je ervoor krijgt. **ZO KRIJG JE VOOR SEKS MET JE MAN UITERAARD MINDER PUNTEN DAN VOOR SEKS MET DE BESTE VRIEND VAN JE MAN.** Heb jij ooit 'doktertje gespeeld' met je dokter, dan verdien je 30 punten. **IN TOTAAL KUN JE 285 PUNTEN HALEN.**

Het aantal punten dat je per erotische ontmoeting kunt krijgen, is vastgesteld door Marlies en mij. We hebben hierover stevig gediscussieerd, omdat we het niet altijd eens konden worden over de mate van stoutheid van bepaalde dingen. Marlies vond seks met een vrouw heel gewoon en net zo stout als seks met een collega. Ik vond dat je voor seks met een vrouw meer punten verdient, omdat ik denk dat je eerder seks hebt met een (mannelijke) collega dan met iemand van hetzelfde geslacht.

De test is in principe geschikt voor alle seksuele geaardheden. Ben je lesbisch, lees dan overal waar 'man' staat 'vrouw' en omgekeerd. De bouwvakker/glazenwasser mag je vervangen door de schoonheidsspecialiste/verpleegster.

DOKTERTJE SPELEN...

DOKTERTJE SPELEN MET *met je buurjongetje*	5 PT.
DOKTERTJE SPELEN MET *met je buurmeisje*	10 PT.
DOKTERTJE SPELEN MET *met je neefje*	15 PT.
DOKTERTJE SPELEN MET *met je leraar*	25 PT.
DOKTERTJE SPELEN MET *met een collega*	10 PT.
DOKTERTJE SPELEN MET *met een ondergeschikte*	25 PT.
DOKTERTJE SPELEN MET *met je baas*	20 PT.
DOKTERTJE SPELEN MET *met je vriend/man*	5 PT.
DOKTERTJE SPELEN MET *met de (beste) vriend van je vriend/man*	20 PT.
DOKTERTJE SPELEN MET *met je loodgieter/aannemer/glazenwasser*	10 PT.
DOKTERTJE SPELEN MET *met iemand die verder niets betekende**	15 PT.
DOKTERTJE SPELEN MET *met je minnaar*	20 PT.
DOKTERTJE SPELEN MET *met je ex*	10 PT.
DOKTERTJE SPELEN MET *met een vrouw*	20 PT.
DOKTERTJE SPELEN MET *met z'n drieën*	25 PT.
DOKTERTJE SPELEN MET *met een jonkie***	20 PT.
DOKTERTJE SPELEN MET *met je dokter*	30 PT.

Totaal

* ofwel: een slippertje tijdens een vaste relatie

**minstens 10 jaar jonger

WIE IS DE ALLERSTOUTSTE?

WILLEKE 190 *punten*

MARLIES 145 punten

CLAUDIA 140 punten

SYLVANA 130 punten

HELEEN 130 punten

CATHERINE 130 punten

FATIMA 105 punten

ANITA 105 punten

DAPHNE 75 punten

RENATE 50 punten

YOLANTHE 40 punten

LEONTIEN 40 punten (maar in gedachten is ze wel stout)

CHAZIA wilde de test niet afnemen.

STOUTE VERHALEN VAN ANITA

OF CATHERINE
OF CHAZIA
OF CLAUDIA
OF DAPHNE
OF FATIMA
OF HELEEN
OF LEONTIEN
OF MARLIES
OF RENATE
OF SYLVANA
OF WILLEKE
OF YOLANTHE

'IK STOND MET EEN PAAR VRIENDINNEN OP EEN CAMPING. *Een stukje verderop had een knap Duits stel hun tent opgezet, een beetje bohémienachtige types. Het stormde, het was laat en ik moest naar de wc. Op de terugweg liep ik langs hun tent. Ze zaten onder de luifel een wijntje te drinken en vroegen of ik ook een glas wilde. Tuurlijk, waarom niet? Toen we lichtelijk aangeschoten waren, belandden we met zijn drieën in hun tent.* **HIJ MASSEERDE ME EN VERTELDE WAT HIJ MET MIJ ZOU WILLEN DOEN, WAT IK VERVOLGENS DEED BIJ ZIJN VRIENDIN,** *terwijl hij toekeek. We gingen steeds verder en verder, ik vrijde met hem, met haar en zij met elkaar. In de vroege ochtend dacht ik: jee, dat ik dit heb gedaan. Ik ben heel stilletjes terug in de tent bij mijn vriendinnen gekropen.'*

''S OCHTENDS VROEG. MIJN PARTNER IS AL NAAR ZIJN WERK. *Mijn minnaar sms't dat hij gaat douchen. Ik schrijf terug dat ik me net heb uitgekleed om hetzelfde te doen. Kom hier dan, bedelt hij. Ik trek een trenchcoat aan met hoge hakken en sta tien minuten later bij hem voor de deur. Hij doet open, totaal verrast. Ik gooi mijn jas open, hij ziet mijn naakte lichaam en sleurt me de douche in.'*

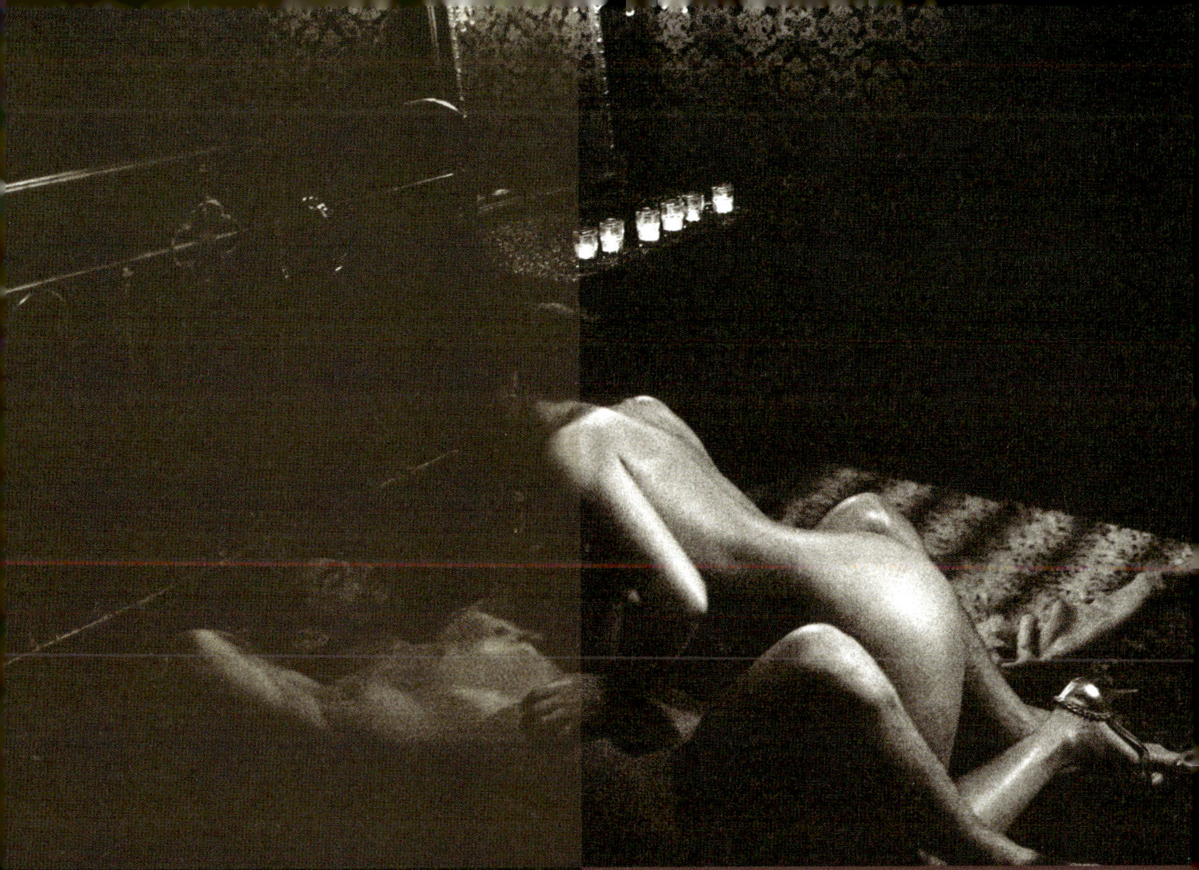

‘JE LIGT IN BED. HET IS NACHT. *Een insluiper komt je kamer binnen. Je ziet hem niet, je verstijft en wilt schreeuwen, maar er komt geen geluid over je lippen. Hij schuift de lakens opzij en stapt bij je in bed. Je ruikt zijn geur, je voelt zijn handen op je lichaam. Zonder het te willen, geef je je over en laat hem begaan.’*

‘TOEKIJKEN OF BEKEKEN WORDEN TIJDENS DE SEKS LIJKT ME OPWINDEND. *Ik weet zeker dat ik dat binnenkort in het echt ga doen.’*

‘DAT IK EEN VRIENDJE HAD EN IEMAND ERNAAST IS HET STOUTSTE WAT IK HEB GEDAAN. *Ik vond het spannend, maar voelde me er niet lekker bij, eigenlijk voelde ik me heel slecht.’*

'Ik was op vakantie in Spanje met een groep vriendinnen. **IK WAS GETROUWD EN VOND DAT IK ME OOK ZO HOORDE TE GEDRAGEN. TOTDAT IK HEM ZAG.** *Een Viking was het, hij kwam uit Zweden en was woest aantrekkelijk. Op een avond gingen al mijn vriendinnen uit en bleef ik in het appartement. Ik belde naar huis en ontdekte dat mijn echtgenoot naar Parijs was vertrokken, waar hij ongetwijfeld de bloemetjes aan het buiten zetten was. Wat hij kan, kan ik ook, dacht ik, die Viking is vanaf nu van mij. We hebben een geweldige tijd gehad samen, hij is me nadien nog weleens komen opzoeken in Nederland. Sommige gebakjes zijn gewoon te lekker om te laten staan.'*

'EEN VAN MIJN MINNAARS HAD ME ZO IN ZIJN MACHT DAT IK STEEDS VERDER GING. *We waren in een hotel. Hij duwde me de lift in, drukte op de knop naar onze verdieping en begon me uit te kleden. Hij deed de kledingstukken niet alleen open, hij trok ze van mijn lijf. De lift kon elk moment stoppen, er kon zo iemand instappen, van die spanning alleen al kwam ik bijna klaar. Op onze verdieping trok hij me met zich mee de lift uit en beminde me in de deuropening, zodat iedereen die voorbij liep, ons kon zien.'*

'IK HEB HET ALTIJD AL EENS OP EEN GEWIJDE PLEK WILLEN DOEN. *We waren in Australië en vonden een kerk waar nota bene eens in de maand een Nederlandse dienst wordt gehouden. Aan het einde van de middag heeft mijn vriend zich laten insluiten. Ik moest buiten wachten tot de kust veilig was. Mijn hart klopte in mijn keel toen ik op die kerkdeur klopte, het liefst wilde ik wegrennen. Mijn vriend liet me binnen, sloot snel de deur en trok me naar het altaar. Ik voel nog hoe het koude steen tegen mijn billen drukte. Ik geloof dat ik drie of vier keer ben klaargekomen.'*

'IK GING MET EEN JONGEN EN TEGELIJKERTIJD STIEKEM MET ZIJN NEEF. *De neef wist natuurlijk wel hoe het zat, maar mijn vriendje niet. Ik was net bij zijn neef geweest en kwam beneden mijn vriendje tegen, die bij hem op bezoek wilde gaan. Ik rook nog naar de seks met die ander, maar mijn vriendje had niks door – of misschien onbewust wel – en duwde me even snel in het portiek. Heel fout, heel stout, maar zó ontzettend lekker. Later heb ik iets vergelijkbaars gehad met een vader en een zoon. Het leek me het summum om het een keer met ze allebei tegelijk te doen, dat heb ik de zoon ook voorgesteld, maar die barstte in lachen uit, dus ik denk niet dat het erin zit.'*

'HIJ WAS EEN TIMMERMAN. IK HAD HEM WEKEN OVER DE VLOER GEHAD VANWEGE EEN VERBOUWING. HET HING AL DIE TIJD IN DE LUCHT, MAAR HIJ WAS VERLEGEN.

Op de dag dat de klus was geklaard, kregen alle mannen een biertje. Ik wist: als ik wil toeslaan moet ik het snel doen. De mannen zetten hun glazen neer en pakten hun jassen. Op dat moment hoorde ik mezelf heel brutaal tegen hem zeggen: "Blijf jij nog maar even hier." Ik had net zo goed op het raam kunnen schrijven: Wij Gaan Het Doen, want dat was voor alle aanwezigen volstrekt duidelijk. Zodra zijn collega's vertrokken waren, tilde hij me in één vloeiende beweging op en vlijde me een stukje verderop op het kleed. Hij had grote handen en kon ontzettend goed zoenen. Het was de combinatie van ruw en toch teder en zacht die het zo lekker maakte. Hij is later nog een keer teruggekomen, mijn kind zat beneden in de box. Hij ging naar boven, toen ik hem iets later volgde, lag-ie al halfbloot in bed me erg stout aan te kijken. "Nou, even dan," zei ik. "Maar wel heel snel."'

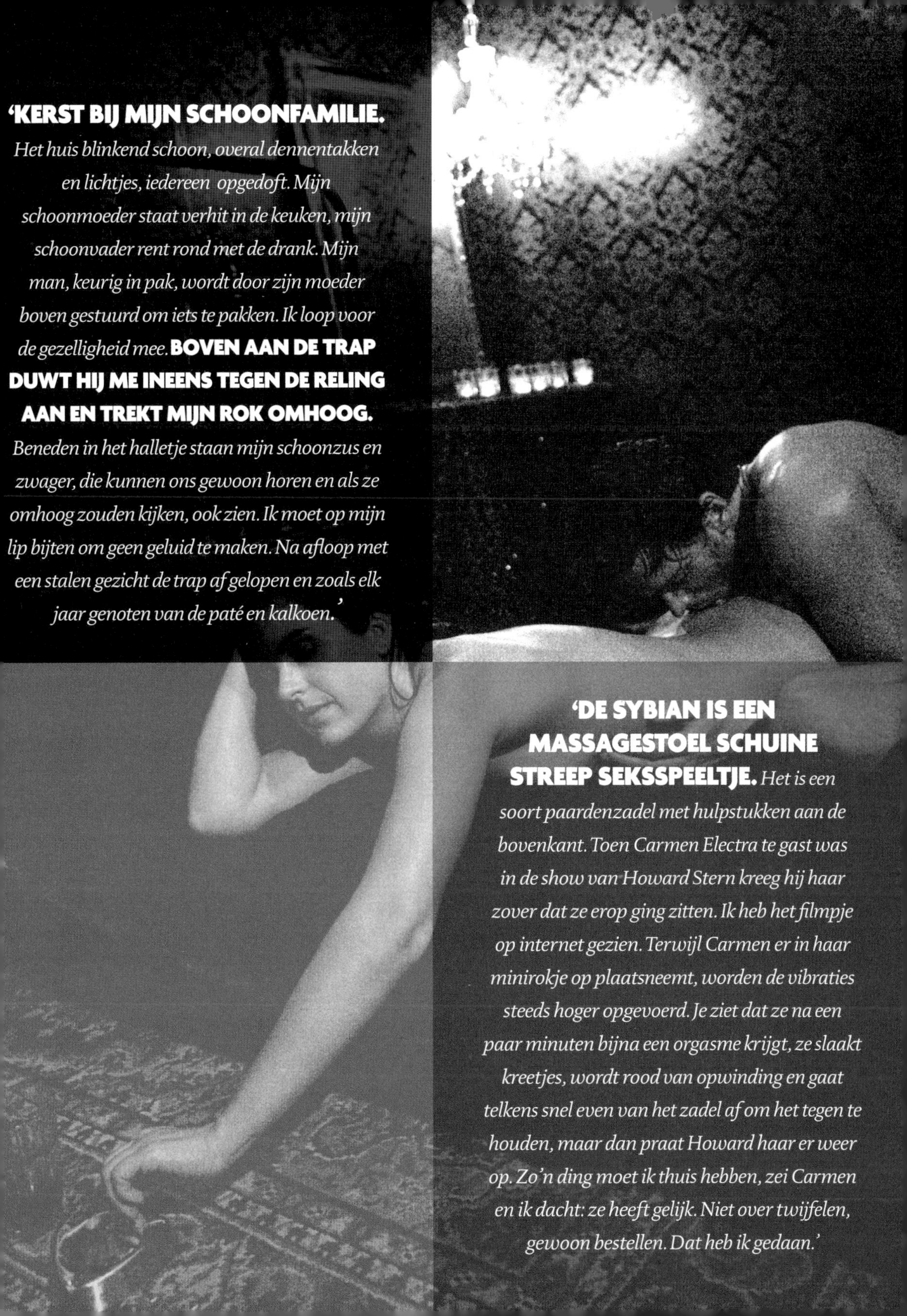

‘KERST BIJ MIJN SCHOONFAMILIE. *Het huis blinkend schoon, overal dennentakken en lichtjes, iedereen opgedoft. Mijn schoonmoeder staat verhit in de keuken, mijn schoonvader rent rond met de drank. Mijn man, keurig in pak, wordt door zijn moeder boven gestuurd om iets te pakken. Ik loop voor de gezelligheid mee.* **BOVEN AAN DE TRAP DUWT HIJ ME INEENS TEGEN DE RELING AAN EN TREKT MIJN ROK OMHOOG.** *Beneden in het halletje staan mijn schoonzus en zwager, die kunnen ons gewoon horen en als ze omhoog zouden kijken, ook zien. Ik moet op mijn lip bijten om geen geluid te maken. Na afloop met een stalen gezicht de trap af gelopen en zoals elk jaar genoten van de paté en kalkoen.’*

‘DE SYBIAN IS EEN MASSAGESTOEL SCHUINE STREEP SEKSSPEELTJE. *Het is een soort paardenzadel met hulpstukken aan de bovenkant. Toen Carmen Electra te gast was in de show van Howard Stern kreeg hij haar zover dat ze erop ging zitten. Ik heb het filmpje op internet gezien. Terwijl Carmen er in haar minirokje op plaatsneemt, worden de vibraties steeds hoger opgevoerd. Je ziet dat ze na een paar minuten bijna een orgasme krijgt, ze slaakt kreetjes, wordt rood van opwinding en gaat telkens snel even van het zadel af om het tegen te houden, maar dan praat Howard haar er weer op. Zo’n ding moet ik thuis hebben, zei Carmen en ik dacht: ze heeft gelijk. Niet over twijfelen, gewoon bestellen. Dat heb ik gedaan.’*

marlies dekkers
PRAKTISCH STOUT

MARLIES: *‘Ik kan een vrouw niet veranderen in Angelina Jolie, maar ik kan er wel voor zorgen dat ze zich weer aantrekkelijk voelt.’*

VOOR MARLIES IS HET LICHAAM VAN EEN VROUW WAT EEN STUK CANVAS IS VOOR EEN SCHILDER. WAT ZE OP HET DOEK AANBRENGT, MOET ERVOOR ZORGEN DAT DE VROUW ZICH GOED VOELT, EN MOOI. Dat is moeilijk, want vrouwen zijn kritisch, veel kritischer dan mannen. Die vinden hun vrouw eigenlijk altijd prachtig, terwijl zij fronsend naar haar buikje of haar platte billen wijst. Marlies: ‘Ik kan geen wonderen verrichten, ik kan een vrouw niet veranderen in Angelina Jolie, maar ik kan er wel voor zorgen dat ze zich weer aantrekkelijk voelt. Dat ze denkt “Wow, ben ik dat?” zodra ze iets van me aan heeft. Als mijn lingerie bewerkstelligt dat een vrouw meer van zichzelf houdt en meer zelfrespect krijgt, heb ik mijn doel bereikt.’

Bij het ontwerpen van een beha gaat Marlies niet uit van een ideale borst, het gaat haar juist om alle andere vormen en soorten. ‘Die borsten moeten mooi in de cup zitten, of dat nou 80A is of 75C. Qua volume en massa zijn al die 75C-borsten misschien hetzelfde, maar qua vorm zijn ze allemaal anders. Het is een bijna mathematische opgave om de ideale pasvorm te vinden, waar al die verschillende borsten mooi inpassen. Elk merk is op zoek naar zijn eigen formule. Ik heb de mijne inmiddels gevonden.

Als ik die toepas op een ontwerp, weet ik voor negentig procent zeker dat vrijwel alle borsten er goed in zullen zitten.'

Met pijn in haar hart constateert Marlies dat de meeste vrouwen zich nauwelijks serieus in hun lingerie verdiepen. Ze persen hun C-borsten in een A-cup of gokken maar wat als het gaat om de bovenwijdte. Hierdoor lopen talloze Nederlandse vrouwen rond in de verkeerde beha. Marlies: 'Wat is het belangrijkste voor een man? Zijn auto. Daar weet hij alles van. Hij weet hoeveel pk de motor moet hebben, hij weet welke banden hij wil en welke velgen. Wij vrouwen hebben onze borsten. Daarvan moeten wíj alles weten. Er wordt weinig kennis meer overgedragen van moeder op dochter, er worden beha's gekocht in grote ketens waar je geen advies krijgt – veel vrouwen wéten gewoon niet zoveel meer over hun borsten. Eeuwig zonde, daar wil ik in dit hoofdstuk wat aan doen.'

De turbulente GESCHIEDENIS van de beha

'Tijdens een van haar zakenreizen knipte Herminie Cadolle haar knellende korset in tweeën.'

De beha, ofwel bustehouder, is uitgevonden door een stoute vrouw avant la lettre. Het was de Franse zakenvrouw Herminie Cadolle (1845-1926) die tijdens een van haar zakenreizen haar knellende korset in tweeën knipte, schouderbandjes aan het bovenstuk zette en daarmee de allereerste beha creëerde. Cadolle was een succesvolle ondernemer in een tijd dat vrouwen nauwelijks buitenshuis werkten. Ze noemde het kledingstuk ***corselet-gorge*** ofwel een korset voor de boezem.

In 1889 presenteerde Herminie Cadolle haar vinding op de wereldtentoonstelling in Parijs. Ze had al een lingeriewinkel in Buenos Aires en opende ook een zaak aan de Rue de la Chaussée d'Antin in de Franse hoofdstad. Het nieuwe kledingstuk werd door Cadolle gepatenteerd onder de naam ***Le Bienêtre*** (het welbehagen). Herminie Cadolle vervaardigde haar beha's alleen op maat. Zij werd de beha-ontwerpster van de ***rich & famous***, haar clientèle bestond uit koninginnen, prinsessen, actrices en danseressen. Het bedrijf van Herminie bestaat nog steeds, Cadolle Lingerie is gevestigd in Parijs.

Marlies: 'Mijn liefde voor de intiemste kledingstukken stamt uit mijn kindertijd. Ik was altijd al gefascineerd door afbeeldingen in geschiedenisboeken van atleten in de Griekse oudheid wier borsten opgebonden waren, de Elizabethaanse mode van brede heupen die ik op schilderijen in musea bekeek, filmsterrenplaatjes uit de jaren '50 waar de sterrenboezems in rondgestikte, kegelvormige puntbeha's werden gepropt. Ieder tijdperk heeft zo zijn eigen erotische zone. Niet alleen werd in de 19e eeuw het broekje geïntroduceerd – voorheen werd niets onder de rokken gedragen – maar het corset snoerde de vrouw ook steeds meer in.

balcony
daily seduction

plunge balcony
deep

french balcony
sexy push

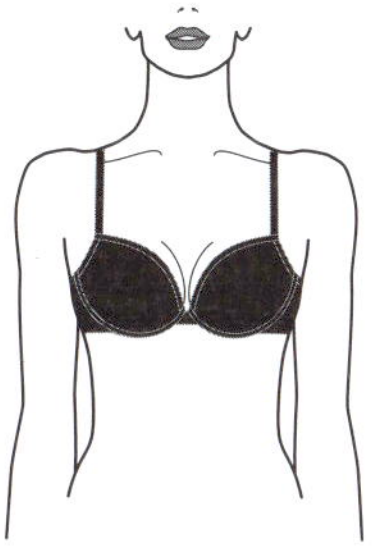

plunge
va va voom!

push up
more please!

demi
naughty

strapless
rubbing shoulders

wired soft
relaxed

De nieuwe eeuw maakte daar een einde aan door het corset te verbannen en alle aandacht op de benen van de Charleston dansende jazzbaby's te vestigen. Na de Tweede Wereldoorlog waren het de grote boezems van Jane Russell, Marilyn Monroe en Jayne Mansfield die het modebeeld bepaalden. Daarna, als reactie, werd alles mini: van auto's tot borsten en rokjes, en dus ook mini ondergoed. In de jaren '70 raakten beha's volledig uit de mode en werden ze ritueel verbrand als symbolen van vrouwenonderdrukking. Herminie Cadolle zou er niets van hebben begrepen! In diezelfde tijd deed de eerste string haar intrede om onder extreem strakke leggings te worden gedragen. Dankzij stijlicoon Madonna keerde de beha in de jaren '80 in triomf terug en werd ook de rest van de lingerie weer serieus genomen. Het verbaast me dat, nu we twintig jaar verder zijn sinds Madonna besloot haar behabandjes te laten zien en haar beha zelfs over haar kleding te dragen, vrouwen nog steeds niet weten wat er zoal te koop is op het gebied van beha's. Alsof een beha een beha is! Alsof een push-up hetzelfde is als een balconette, alsof het niet uitmaakt of je een voorgevormde of een beha zonder beugel kiest.'

SCHUDDEN MOET SCHUDDEN = GOED

JE NEEMT JE LINGERIE SERIEUS. Je hebt je cupmaat en je bovenwijdte laten opmeten door een deskundige. Je hebt een beha aangeschaft in de voor jou geschikte maat. Kun je nu tevreden huiswaarts? Nee! Marlies wil dat je nog een stapje verdergaat. Marlies wil dat je schudt. Marlies: 'Op gezette tijden maak ik een ronde langs een aantal winkels waar mijn lingerie wordt verkocht. Ik help mee in de zaak, duik met klanten de paskamer in en luister naar hun commentaar. Wat geen enkele vrouw deed en wat extreem belangrijk is, is schudden. Door goed te schudden, weet je meteen de juiste maat en blijft de beha de hele dag goed zitten. Ik zag vrouwen met een A-cup die na een potje schudden in de kleedkamer opeens toch een decolleté bleken te hebben. Andere vrouwen, die teleurgesteld terug waren gekeerd met het verhaal dat de D-cup bij nader inzien toch te klein was, bleken ook nog nooit het noodzakelijke schudden te hebben toegepast, zodat het leek alsof ze met dubbele borsten rondliepen. Daarom rust ik niet voordat de hele vrouwelijke bevolking van Nederland aan het schudden is geslagen!'

SLIP, STRING, TANGA,
DIRECTOIRE, LONG JOHN, BOXERSHORT
OF GEWOON ONDERBROEK

Tegenwoordig ben je een tikje stout als je zonder slip de straat op gaat, vroeger was het heel gewoon. In vorige eeuwen droegen alleen oude of zieke vrouwen die gevoelig waren voor kou iets onder hun rok. De rest van de dames liep sliploos rond zonder dat daar schande van werd gesproken. Mannen raakten indertijd hevig opgewonden bij de aanblik van een naakte damesenkel, omdat ze wisten dat ze via die enkel langs een korte route bij het blote heiligdom der heiligdommen zouden belanden.

Met de introductie van de hoepelrok rond 1850 kwam er semi-ondergoed voor volwassen vrouwen op de markt. Dat moest ook wel, want als een vrouw met een hoepelrok ging zitten, kwam het frame van de hoepel omhoog en bood het een vrije aanblik onder de rok. En als ze bukte, ging de hoepel tot aan de heupen omhoog en zag je haar billen. Er verschenen spotprenten over dit ongemak en het duurde niet lang of de eerste onderbroek voor dames werd geïntroduceerd: lange losse pijpen van katoen. Ze bestonden uit twee delen, waren open tussen de benen en werden alleen in de taille samengeknoopt.

Later in de 19e eeuw droegen alleen dames uit de gegoede klasse voor het eerst een directoire onder hun kleding. Deze pantalon of kniebroek was voor armere vrouwen nog niet weggelegd.

Toen de rokken in de jaren '20 korter werden, was het echt gedaan met het onderbroek- of kruisloze bestaan. Toch duurde het nog tot 1949 voordat de eerste slip in het openbaar zichtbaar werd. Tegenwoordig kijkt niemand vreemd op van de wapperende rokjes van Venus of Serena Williams, maar toen de Amerikaanse Gussie Moran in 1949 op Wimbledon verscheen in een kort tennisrokje met daaronder een met kant afgezette slip, veroorzaakte zij een sensatie.

Anno 2007 is alles mogelijk in de wereld van lingeriedesign: van *long johns* en boxershorts tot aan strings. Er is zelfs onder de fashion avant-garde een trend rondom het níet dragen van ondergoed aan het ontstaan. Daarmee zijn we weer terug bij af.

‘BILLEHONING BILLEKLEUR BILLELELIE BILLELIEF BILLEWET BILLELUST BILLEBLAUW BILLEBROOD BILLEN DUIZENDVORMIG MULTIBIL UNIBIL’

Carlos Drummond de Andrade

Derrières komen in allerlei soorten en maten voor. Vaak heeft de *shape* van de billen weinig met de confectiemaat te maken. Er zijn billen met een lange naad en billen met een kortere, billen met een groot oppervlak en billen met een kleiner. Is de afstand van het driehoekje naar de onderkant van de bil lang, dan gebruikt Marlies in haar ontwerpen meer stof. De kortere bil is daarentegen weer uitermate geschikt voor de string.

Marlies: ‘Je moet de compositie van je eigen billen snappen en dat kun je alleen maar door goed en eerlijk naar je achterste en de rest van je lichaam te kijken en verschillende ontwerpen te passen en te vergelijken.’

De overgang van de rug naar de billen vindt Marlies het meest intrigerende plekje van het vrouwelijk lichaam. De Fransen hebben er verschillende poëtische benamingen voor, in Nederland moeten we het doen met ‘driehoekje’. Marlies: ‘Ik speel er graag mee in mijn ontwerpen, soms door het te bedekken, dan weer juist door het te accentueren, maar een mooie Nederlandse term voor het driehoekje ben ik nog niet tegengekomen. Of je nu lange, korte, kleine of grote billen hebt, dat plekje blijft voor mij poëzie waarmee ik graag speel.’

SLIP TIPS

Welke slip past het mooist bij welke bilpartij?

DE TANGA is vooral in de zuidelijke landen, waar de gedachte heerst 'hoe kleiner hoe sexier', populair. Het is een mooi broekje met een kleine, lage voorkant waarbij de achterkant nagenoeg bloot gelaten wordt. Ideaal voor de vrouw met kleine billen en platte buik. MTV lieveling Christina Aguilera is de juiste kandidaat voor deze weinig verhullende slip.

DE THONG. Vooral Nederlandse en Belgische vrouwen zijn verzot op het flatteuze stringmodel de thong. De overgang van buik naar been wordt mooi bedekt, terwijl aan de achterkant de top breder is, waardoor een optische illusie gecreëerd wordt en de billen kleiner lijken. De Nederlandse schone Katja Schuurman zou er nog schoner in worden.

DE WIDE SIDE THONG. Bedekt de heupen nog wat meer, is iets minder hoog uitgesneden en houdt de lieslijn verborgen. De achterkant van de WS thong is breder dan die van de gewone thong. Dit ***sophisticated*** model is vooral geschikt voor de grotere maten en langere billen, en zou een ster die beroemd is om haar volle derrière, de trotse JLo, prachtig staan.

DE BRIEF. Smeten we hem tien jaar geleden nog in de kast, sinds kort maakt de brief een enorme revival. Bedekt de hele bilpartij en ook de plooi tussen buik en been, zoals het betaamt. Dit ontwerp houdt het midden tussen degelijk en ondeugend. Vooral als de brief transparant is, kan hij heel erg sexy zijn. Het toonaangevende Amerikaanse blad ***Vanity Fair*** vroeg zich onlangs op de cover van het augustusnummer af hoe je net als Kate Moss kunt worden. Het antwoord was duidelijk: *Be yourself!* Draag de brief dus.

DE BRAZILIAN BRIEF. Is een hele stoute slip en zit qua ontwerp tussen de thong en de brief in. De hoog uitgesneden achterkant maakt dat de billen sexy onder het slipje uitpiepen. Lijkt op het eerste gezicht een braaf broekje, maar speelt ondertussen een wel heel verleidelijk spelletje kiekeboe. Een slip voor een beauty als zangeres Beyoncé!

DE BRAZILIAN SHORT. Bij deze slip ligt de stof prachtig om de billen. In het midden van de achterkant zit een naad, terwijl de stof van de short niet afgewerkt maar dubbelgevouwen is, waardoor er geen sprake is van wat de Engelsen zo treffend *the visible pantyline* noemen. Kylie Minogue is zonder twijfel dé Brazilian short-draagster bij uitstek.

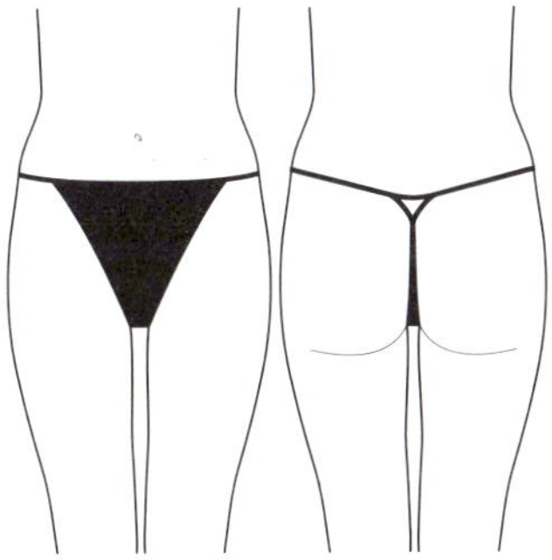

tanga
menage à trois

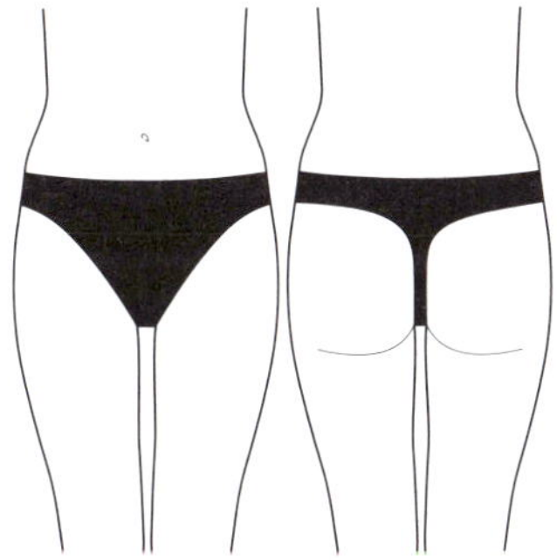

thong
bare essentials

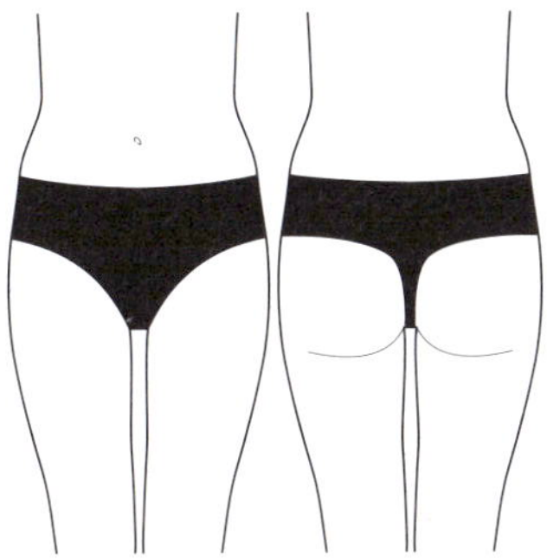

wide side thong
the small of your back

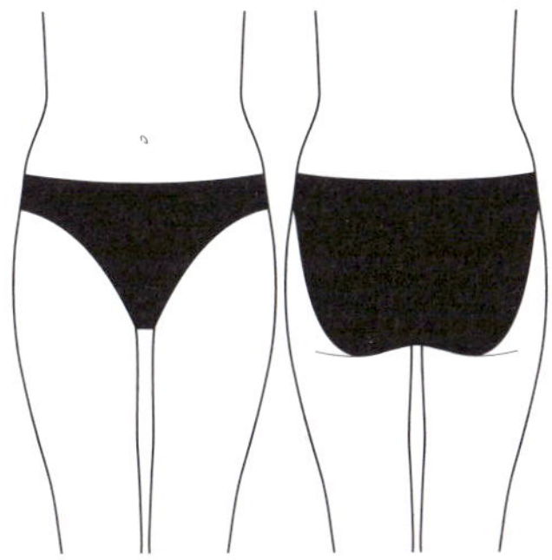

brief
brief encounter

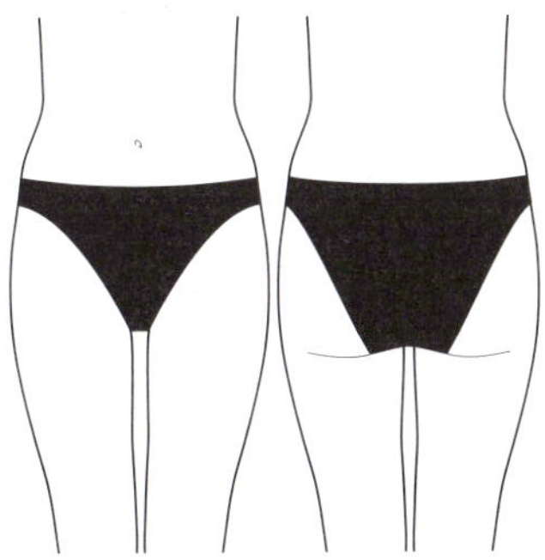

brazilian brief
legs and co

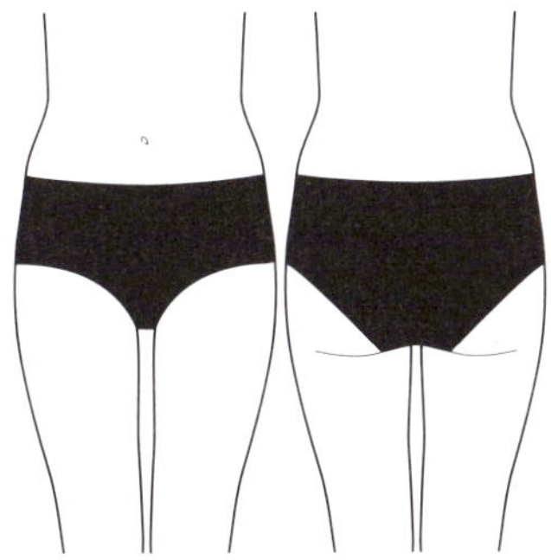

brazilian short
long and lovely

marlies dekkers
FOTOGRAFIE CARIN VERBRUGGEN
PORTFOLIO

MARLIES DEKKERS IS VERRE VAN BESCHEIDEN. Ze wil de wereld veroveren met haar lingerie, die ze beschouwt als kunst, als literatuur in stof, iets wat ik over mijn bestsellers niet zou durven beweren. Haar handelsmerk is haar stijl. En een onmiskenbaar gevoel voor stijl heeft ze, ik ben er stikjaloers op. In het keizerinnenrijk van Marlies is over elk detail nagedacht. Alles straalt kwaliteit en een gevoel voor (de juiste) smaak uit: niet alleen de beha's, ook de zakjes waarin ze worden verpakt, ook de toonbank waar ze overheen gaan, ook het gordijn van de pask... pardon, ruimbemeten kleedkamer, ook het kopje thee dat bij het winkelen wordt geserveerd met op het schoteltje het borstvormige MD-chocolaatje, ook de keizerin zelf is altijd tot in de puntjes verzorgd. Je zult Marlies nooit in een H&M'etje aantreffen, ze draagt steevast iets van Dior, Yves Saint Laurent of Balenciaga of een andere een mode-god, die ze liever vandaag dan morgen van zijn troon zou stoten. Wie dit in gedachten houdt, begrijpt dat het fotograferen van de collectie van Marlies geen klus is die aan de eerste de beste digitale kiekjesdief wordt uitbesteed. Deze eer, want dat is het, is weggelegd voor een vrouw met wie Marlies al jaren werkt en met wie ze kan lezen en schrijven. Carin Verbruggen is de vaste fotograaf van de collecties van Marlies Dekkers. Zij is mooi, ze zou zelf in een gezellige tanga voor de camera moeten staan, maar ik vrees dat ze daarvoor niet is te porren, zelfs niet voor *Stout*. De beelden die Carin voor de collecties maakt, zijn stuk voor stuk bijzonder, wellicht zelfs kunst, maar laat ik daarover niet oordelen, dat laat ik liever aan de kijker. Het zijn in elk geval niet de klassieke vrouw-poseert-bevallig-doch-onschuldig-in-een-setje-shots. Net als mijn lingerie vertellen de foto's van mijn lingerie een verhaal, zegt Marlies. Carin Verbruggen is zo vriendelijk en gul geweest ons de kans te geven het verhaal van Marlies en haarzelf te lezen. Ik houd vanaf nu mijn mond en laat de beelden spreken.

NL

In 1993 begon Carin Verbruggen haar succesvolle carrière als modefotograaf na haar studie fotografie aan de Koninklijke Academie van Beeldende Kunsten in Den Haag. Ze vestigde zich in Amsterdam en werkt inmiddels al enkele jaren samen met Ferry Drenthem Soesman. Samen hebben ze de perfecte samensmelting gevonden tussen concept, fotografie en beeldbewerking. Ze werken voor tijdschriften als *Elle*, *Jackie*, *Marie Claire*, *BLVD*, *Red*, en portretteren vele bekende Nederlanders. Inmiddels hebben ze diverse exposities op hun naam staan. In 2001 begon hun bijzondere samenwerking met Marlies Dekkers en sinds die tijd zijn ze verantwoordelijk voor al haar fotografie.

Als de Nederlandse vrouw werkt, doet ze dat doorgaans parttime.

SCHOKKENDE CIJFERS: *De Nederlandse vrouw is* ZO *niet stout*

Help, de emancipatie stagneert! De Nederlandse vrouw werkt nog praktisch net zo weinig als vijf jaar geleden. Ze mag betaald werken, ze kan het, maar ze doet het zo min mogelijk. Een parttime baan vindt ze meestal meer dan genoeg, ook als ze geen kinderen heeft. Slechts 946.000 vrouwen werkten in 2005 fulltime. **HOEZO STOUT? EEN BEETJE OP DE ZAK VAN JE MAN TEREN, KUN JE WEL? EN HIJ MAAR SLOVEN. STELLETJE VERWENDE NESTEN ZIJN JULLIE. GA EENS WERKEN VOOR JE GELD!**

Dit is een bedrieglijk boek. Het is gemaakt door twee carrièrevrouwen. De elf diva's die aan het woord komen, zijn stuk voor stuk in staat zichzelf riant te bedruipen. De indruk zou kunnen ontstaan dat het in Nederland barst van de vrouwen die aan de weg timmeren. Dat is niet waar. Een groot deel van de Nederlandse vrouwen doet geen betaald werk, om precies te zijn 35 % van alle vrouwen van 15-64 jaar. 11 % van alle vrouwen heeft een baan van minder dan 12 uur per week. Een kleine 54 % werkt meer dan 12 uur per week. 17 % werkt fulltime. Laat dit even goed tot je doordringen.

Meer dan één op de drie vrouwen van de vijftien- tot en met vierenzestigjarigen heeft geen betaald werk. Ze smaakt op dit moment niet het genoegen met haar eigen zoetverdiende geld te smijten. **DE EURO'S IN HAAR PORTEMONNEE KRIJGT ZE VAN HAAR MAN, DE STAAT OF EEN ONBEKENDE DERDE.**

Dat 54 % van alle vrouwen meer dan twaalf uur per week betaald werk heeft, betekent nog niet dat ze onafhankelijk is. Slechts 42 % van de 15-64 jarigen is economisch zelfstandig, wat wil zeggen dat ze een inkomen heeft van ten minste 70 % van het minimumloon.

We ga weer even resumeren. Grofweg zes van de tien vrouwen tussen 15-64 jaar zijn financieel afhankelijk van derden. Da's op zijn zachtst gezegd tamelijk onhandig met een echtscheidingspercentage van een op drie.

Nu kun je zeggen: 'Wat kan het jullie schelen, Dekkers en Van Royen? Er zijn belangrijkere dingen op de wereld dan geld. Die vrouwen zijn vast heel gelukkig. Misschien leveren ze een bijdrage aan de maatschappij door het bezoeken van eenzame bejaarden of ander vrijwilligerswerk. Onbetaald! Dat zien we jullie nog niet doen. Kijk eens goed naar jezelf. Het is nu twee uur 's nachts en wie zit licht verwilderd achter een beeldscherm te tikken? Ja, dat ben jij, Van Royen. Mevrouw Dekkers leeft permanent met stress. Zij heeft honderd man personeel, vliegt de halve wereld af om haar beha's aan de vrouw te brengen en heeft nauwelijks tijd voor een sociaal leven. Wij zijn niet gek, dat zijn jullie.'

Daar kunnen wij niks tegen inbrengen ***behalve*** dat het zo onbeschrijflijk leuk is als het lukt om carrière te maken. En dan het liefst tegen alle verwachtingen in. Iets bereiken in de wereld van het betaalde werk geeft een kick die beter is dan seks en geloof ons, dat zeggen wij niet snel. Het is uitermate bevredigend om jezelf te ontplooien. Het is enerverend en spannend om de grenzen van je mogelijkheden te verkennen en je talenten ten volle te benutten. Het houdt je jong, vrolijk en energiek.

Reken voor de aardigheid even mee. Stel, je krijgt twee kinderen en je wordt tachtig jaar. Hoeveel tijd heb je daadwerkelijk nodig om die kinderen groot te brengen? Laten we zeggen achttien jaar, in deeltijd, want vanaf hun vierde gaan ze naar school. Blijft over: meer dan zestig levensjaren. Wat ben je van plan met die zeeën van tijd?

Op het gevaar af toch een kruistocht te beginnen, beste niet-werkende zusters, vragen we jullie de verhalen van de vrouwen in dit boek in je achterhoofd te houden als je erover denkt om de sprong naar een carrière te wagen. Al deze vrouwen, wij incluis, zijn blind in het diepe gedoken en het bevalt ons meer dan goed.

Pluk niet alleen de dag, pluk ook je kansen. Je zult er een inspanning voor moeten verrichten, maar het is het waard. Als je ergens een diamant ziet glinsteren, grijp hem. Spring op de trein, kom aan boord.

We zullen je nog een geheim verklappen. Geld is vrijheid. Geld is macht. Wie betaalt, bepaalt. Daarom trekken golddiggers uiteindelijk aan het kortste eind. Hoe slim ze het ook aanpakken, ze blijven afhankelijk van de grillen van hun rijke man. Wat hij wil, gebeurt. Wie betaalt, bepaalt.

Stel je eens voor dat jij die touwtjes in handen hebt. Dat mensen iets doen, om de simpele reden dat jij het ze opdraagt. Stel dat je een bedrijf runt. We vragen je het serieus te overwegen. Het is namelijk hard nodig. Eind 2006 staat bij slechts twee van alle Nederlandse beursgenoteerde ondernemingen een vrouw aan het roer. Die vrouwelijke ceo's zijn Nancy McKinstry bij Wolters Kluwer en Anka Reijnen van vastgoedfonds Nieuwe Steen. McKinstry, zoals haar naam al doet vermoeden, is Amerikaanse. Reijnen is de enige Nederlandse vrouwelijke ceo. 'Een bedrijf leiden is topsport,' zei ze in mei 2006 in Elsevier. 'Alles moet ervoor wijken. Dit zou niet mogelijk zijn als ik kinderen had.' Met alle respect voor mevrouw Reijnen, maar mijn string zakte af toen ik dat laatste zinnetje las, Marlies had er zoals gewoonlijk geen aan. Sinds wanneer is het onmogelijk om het leiden van een bedrijf te combineren met kinderen? Haar mannelijke collega's doen niet anders, sinds jaar en dag.

Zusters, we zeggen het nog één keer. Geld is vrijheid. Geld is macht. Je schijnt het niet hardop te mogen zeggen, maar **MACHT IS HEERLIJK. JE VOELT JE NET EEN HOND DIE BLOED HEEFT GEPROEFD. HET SMAAKT NAAR MEER.**

EMANCIPATIEPROCES STAGNEERT IN 2002-2005

De vaart die in de jaren tachtig en negentig zat in het emancipatieproces, is tussen 2002 en 2005 duidelijk afgenomen. In deze periode is zowel het aandeel werkende vrouwen als het aandeel economisch zelfstandige vrouwen vrijwel niet toegenomen. Ook de doorstroom van vrouwen naar hogere functies blijft achter bij de verwachtingen. In 2004 was er, na correctie voor opleiding en leeftijd, een loonverschil tussen mannen en vrouwen van 7% in het bedrijfsleven en 4% bij de overheid. Hetzelfde geldt voor het achterblijvende aandeel vrouwen op hogere functies. Alleen bij het Europees Parlement (streven 40%, feit 44%) en de rechterlijke macht (streven 50%, feit 48%) zijn de streefdoelen voor 2010 al (bijna) gehaald. Bij alle andere hogere functies blijven de cijfers voorlopig nog (ver) achter bij het streefdoel. (…)

BRON: EMANCIPATIEMONITOR 2006, SCP EN CBS.

*** 17%** *van alle Nederlandse* **VROUWEN VAN 15-64** *jaar werkte in* **2005** *fulltime, dat zijn* **946.000 VROUWEN**

*** 62%** *van alle Nederlandse* **MANNEN VAN 15-64** *jaar werkte in* **2005** *fulltime, dat zijn* **3.413.000 MANNEN**

* *In* **2005** *had* **54,1%** *van alle* **VROUWEN VAN 15-64** *jaar een* **BAAN** *van* **12 UUR** *of meer*

* *In* **2005** *had* **65%** *van alle* **VROUWEN VAN 15-64** *jaar een* **BAAN** *van minstens* **1 UUR** *per week*

*** 35%** *van alle* **VROUWEN TUSSEN 15-64** *jaar verrichtte in* **2005 GEEN** *betaald* **WERK**

* *Van alle werkende* **VROUWEN** *werkte in* **2005 73% IN DEELTIJD** *(d.w.z. 35 uur per week of minder) en* **27% FULLTIME**

* *Van alle werkende* **VROUWEN WERKTE 55%** *minder dan* **28 UUR** *per week* **IN 2005**

* *Van* **ALLE WERKENDE VROUWEN** *werkte* **27% FULLTIME** *in* **2005**

* *Het gemiddeld aantal* **ARBEIDSUREN** *van* **WERKENDE VROUWEN** *was* **24,9 UUR** *per week* **IN 2005.**

*** IN 2004** *was ruim* **41,7 %** *van de* **VROUWEN VAN 15-64** *jaar* **'ECONOMISCH ZELFSTANDIG'**, *deze vrouwen hadden een jaarinkomen uit arbeid van* **MINIMAAL 70%** *van het* **MINIMUMLOON**

* *Van* **38%** *van alle* **PAREN** *van* **25-49** *jaar zonder kleine kinderen werkten* **BEIDE PARTNERS FULLTIME** *in 2005*

* *In* **6%** *van de* **GEZINNEN** *met een man en vrouw van* **25-49** *jaar* **ÉN MINDERJARIGE KINDEREN** *hadden in* **2005 BEIDE PARTNERS** *een* **FULLTIME** *baan*

*** 20%** *van de* **VROUWEN VAN TURKSE EN MAROKKAANSE HERKOMST** *was in 2004* **ECONOMISCH ZELFSTANDIG**

*** 46%** *van de* **VROUWEN VAN SURINAAMSE HERKOMST** *was in 2004* **ECONOMISCH ZELFSTANDIG**

*** 'ALS DE MAN NIET WIL DAT DE VROUW WERKT, MOET DE VROUW DAT ACCEPTEREN'** *vindt* **27%** *van de* **VROUWEN VAN TURKSE AFKOMST** *en* **24%** *van de* **VROUWEN VAN MAROKKAANSE AFKOMST**

*** 'BIJ HET KRIJGEN VAN EEN KIND, MOET DE VROUW STOPPEN MET WERKEN'** *vindt* **31%** *van de* **VROUWEN TURKSE EN MAROKKAANSE AFKOMST**

OPGELET!

Deskundigen aan het woord.

EEN SEKSUOLOGE, EEN FLIRTDESKUNDIGE, EEN ANDRAGOLOGE EN EEN PLASTISCH CHIRURG SPRAKEN ZICH UIT OVER FLIRTEN, SCHOONHEID EN DE MATE VAN STOUTHEID VAN DE GEMIDDELDE NEDERLANDSE VROUW.

VERLEIDINGSEXPERT TIJN VAN EWIJK:
'Flirten is een natuurlijk mechanisme, kijk maar naar jongetjes en meisjes van een jaar of drie, vier. Die flirten als de beste. Ook is flirten vrijblijvend, een leuke manier van contact. Het kan alles omvatten, van een groet tot bij elkaar in bed belanden.'

PSYCHOTHERAPEUT EN RELATIETHERAPEUT CAROLIEN ROODVOETS:
'Flirten is een vorm van iemand psychologisch masseren.'

PLASTISCH CHIRURG MARTIN JANSSEN:
'Ik hoor regelmatig van patiënten dat ze eerst bij een andere plastisch chirurg zijn geweest, maar niet door hem geopereerd wilden worden omdat hij er niet uitzag. Ik denk zelfs dat ik op mijn uiterlijk ben geselecteerd voor deze specialisatie.'

TIJN VAN EWIJK:
'Schoonheid is objectief. Zet Martin (Janssen, red.) en mij maar naast elkaar. Wie is het knapst? Martin, unaniem. Duidelijk toch?'

MARTIN JANSSEN:

'De uitdrukking "schoonheid zit vanbinnen" is ouderwets. Het kan misschien wel waar zijn, maar in het eerste contact heb je daar helemaal niets aan.'

TIJN VAN EWIJK:

'Er wordt geroepen dat mannen bang zijn voor sterke vrouwen. Dat geloof ik niet, ik geloof dat mannen bang zijn voor sterke vrouwen door wie ze onderuit gehaald worden. Mannen zijn niet bang voor sterke vrouwen, zolang die kracht maar positief wordt gebruikt.'

CAROLIEN ROODVOETS:

'In mijn werk zie ik veel mannen van wie het gevoel van identiteit kwetsbaar is. Veel kwetsbaarder dan dat van vrouwen. Mannen zijn heel afhankelijk van wat vrouwen van ze vinden. Hoe intiemer de relaties, hoe meer ze in de war raken. Over wie ze zijn, wat ze willen... Ik vind het heel opvallend. Volgens mij komt dat door de afwezigheid van vaders tijdens de opvoeding. De moeders zitten erbovenop te kloeken, maar aan wie moeten die mannen hun identiteit ontlenen?'

CAROLIEN ROODVOETS:

'Stout zijn staat of valt met de mate van autonomie die we hebben en met assertiviteit. Durf je onafhankelijk op te stellen en zoek niet voortdurend bevestiging. Volgens mij bestaat stout zijn bij gratie van onderdrukking. Want wanneer ben je stout? Pas als er ergens een regel bestaat waar jij je niet aan houdt. Als ik aan mezelf denk, was ik het vaakst stout op mijn werk. Op de werkvloer werden mij dingen opgedrongen die ik niet wilde, en die ik dus niet deed. Dan was ik stout. Neem de autonomie, voel de autoriteit om te denken: die baas kan de pot op. En ga je eigen gang.'

MARTIN JANSSEN:

'Een mooi voorbeeld van een stoute vrouw, eentje van wie ik echt met mijn mond vol tanden stond, is een allochtone vrouw die ooit bij mij op consult kwam. Zij had een man bij zich, nam gelijk het woord en vertelde dat zij kwamen voor een penisverlenging. Ik was al verbaasd, als mannen komen voor een penisverlenging is daar vrijwel nooit een vrouw bij. In ieder geval vertelde zij dat ze was vreemdgegaan met een man wiens penis veel groter was dan die van de man met wie ze was,

dus nu wilde hij ook een grote. We spraken alles door, en op het laatst vroeg ze me of ik ook herstel van het maagdenvlies doe. Toen ik verbaasd zei dat ik dat niet helemaal begreep, gezien de penisverlenging, vertelde ze doodleuk dat ze binnenkort moest trouwen. Maar niet met de man die ze bij zich had.'

CAROLIEN ROODVOETS:
'Ik ben in mijn werk voornamelijk bezig met vrouwen stouter laten worden. De Nederlandse vrouw is niet stout genoeg.'

TIJN VAN EWIJK:
'Je kunt niet verwachten dat je carrière blijft stijgen als je maar drie dagen per week werkt.'

MARTIN JANSSEN:
'Als man krijg je altijd kritiek. Je hebt de hele dag staan opereren, komt thuis en je vrouw zegt: "Ik ben doodmoe van de kinderen, nu mag jij. Ik ga een weekeindje winkelen." Vindt ze volkomen normaal. En wanneer heb ik vrij, vraag ik me dan af.'

ANDRAGOLOGE PATTY KRUISWIJK:
'De mannen die ooit zeiden "mijn vrouw hoeft niet te werken" zijn dezelfde mannen die later klagen dat hun vrouw hun leefwereld niet begrijpt. Ze zijn de verliezer van hun eigen winst.'

PATTY KRUISWIJK:
'Waarom zeiken zoveel vrouwen hun man af? Ze hebben het machtsplatform bij gratie van de wederzijdse liefde, en halen op deze wijze hun gram voor alle mannelijke ego's die ze hebben moeten strelen om te komen waar ze zijn.'

TIJN VAN EWIJK:
'Vrouwen tussen de vijfendertig en veertig zijn eng. Als je single bent, niet te lelijk, te dom of te saai, best leuk dus, dan slaan die vrouwen hun nagels in je. Je bent van hen en dat blijf je. Ze gaan je stalken, ze gaan je nabellen. Het is bijna agressief.'

STOUTE LINGERIE

HET EERSTE WAT MARLIES DOET ALS ZE ME ZIET IS IN MIJN DECOLLETÉ DUIKEN OM TE KIJKEN OF IK WEL EEN BEHA VAN HAAR AAN HEB. Dat doet ze niet alleen bij mij, dat doet ze bij al haar personeel. In Parijs kregen we een keer bijna ruzie omdat ik volgens haar een kleuterbeha droeg. Nu zaten er inderdaad kikkertjes en bloemetjes op, maar die vond ik best schattig. Volgzaam als ik ben, vertoon ik me tegenwoordig alleen nog in Marlies Dekkerslingerie. Jij, stoute lezeres, mag zelf kiezen wat je onder je kleding draagt. We waren benieuwd naar jouw voorkeur, daarom gingen we de straat op met een rek vol setjes van diverse merken, die we eerst uitprobeerden op modellen en daarna voorlegden aan jou.

DEZE STOUTE *setjes* HEB JIJ *gekozen...*

◀ **DESHNY, 13 JAAR, SCHOLIER**

'Leuk setje.'

▼ **MEVROUW BRAUN, 80 JAAR, HUISVROUW, VOORHEEN WERKZAAM IN SUPERMARKT**

'Als ik vijfentwintig was zou ik dit setje kiezen en dan wel graag met extra glitters op de cup en op het broekje. Ik draag nu iets met kant, maar met stevige cups, want anders floepen ze eruit als ik voorover buk. Vroeger droeg ik mijn beha's altijd zo strak dat ik er putten in mijn schouderbladen van kreeg. Toch ben ik blij dat ik dat gedaan heb, want mijn borsten zijn nog steeds mooi, rond en strak en bij al mijn leeftijdsgenoten hangen ze. Is dit ook voor *Playboy*? Daar wil ik best in, hoor. Wedden dat het heel goed verkoopt?' ▶

◀ **BIRGIT SCHUURMAN, 29 JAAR, ZANGERES**

'De combinatie van sexy, frivool en strak vind ik goed. Het is rockabilly, dit setje, het is de nieuwe eeuw. Heb ik hetzelfde setje als mijn zus gekozen? Dat is toeval. Moet ik dan iets anders kiezen, nee toch? Ik vind dit echt de mooiste.'

◀ EVA, 21, STUDENT MEDIA- EN COMMUNICATIE-MARKETING

'Erg sexy dit setje. Het is druk, maar toch rustig. Het is zacht en het heeft geen extreme push-up. Ik hou erg van naadloos en ik ben dol op bruin, dus ik vind dit echt heel mooi.'

▶ EVA, 29 JAAR, COMMUNICATIEMEDEWERKER

'Dit past bij mij. Ik hou niet van kant en dat soort dingen. Voor mij moet het sportief zijn en dat is dit, ook qua kleur.'

▶ MEVROUW VAN ABSHOVEN, 76 JAAR, HUIS-VROUW, TWEELINGZUS VAN MEVROUW MORET

'Dit is het soort setje dat ik normaal draag, alleen niet in die kleur. Zwart of wit vind ik mooier. De stof van de beha moet wel over de borst heen vallen.'

◀ PATRICIA, 37 JAAR, SECRETARESSE/PR

'Ik kies deze set omdat ie anders is en ik me hierin meer vrouw voel. En het is een Marlies. Dat betekent iets, ja, je hebt wel een Marlies aan.'

◀ **KIRSTEN, 24 JAAR, FOTOGRAAF**
'Kant en zwart is sensueel, dat maakt het spannend. Het is een basic, mooi, maar toch elegant setje, vooral omdat het zwart is.'

◀ **VERONIQUE, 19 JAAR**
'Zwart is sowieso sexy. Het zilver is het aparte ervan. Als ik een gezellig avondje met mijn vriend heb, zou ik het dragen.'

▶ **CLAIRE, 14 JAAR, SCHOLIER**
'De ruches aan de achterkant zijn leuk. Heel apart setje!"

◀ **SUZANNE, 30 JAAR, SOCIAAL CULTUREEL WERKSTER** 'Het materiaal is zacht, de kleur sprekend en het heeft een grappig randje. Gelukkig zit er niet zo'n dom strikje aan. De onderbroek die ik nu draag heeft dat wel, kijk maar. Normaal knip ik ze er meteen af. Waarom? Omdat ik dat zo'n minimale versiering van niks vind.'

◀ **CHARLOTTE, 26 JAAR, EVENT MANAGER**

‘Het zachte van het roze, gecombineerd met het sensuele van het zwart vind ik ondeugend.’

◀ **MEVROUW BLOM, 60 JAAR, HUISVROUW**

‘Dit heeft mooie, gedekte kleuren en een hoog broekje. Ik hoef geen tanga, wat die jonge meiden allemaal hebben, ik ga niet rondlopen met zo’n draad in m’n gat.’

▶ **MARLIES, 30 JAAR, PLANNER**

‘Zwart is veilig, voor mij geen pastel. Ik val meer op broekjes dan op beha’s. Het strikje achterop vind ik heel leuk. Het is een hipster, dat vind ik een prettig model. Draagcomfort is ook van belang en dat zit goed bij dit sexy setje.’

◀ **MEVROUW MORET, 76 JAAR, HUISVROUW, TWEELINGZUS VAN MEVROUW VAN ABSHOVEN**

‘Deze is prachtig. Het model vind ik mooi, zo met die halve cups en de bandjes die naar de zijkant staan. Het doet me denken aan een setje van Triumph dat ik vroeger vaak droeg.’

◀ **AUDREY, 30 JAAR, ACCOUNTMANAGER**

'Er zit niets tussen wat me echt aanspreekt. Ik heb geen grote borsten, dus ik wil een beha met vulling, negen van de tien vallen af, want die doen te weinig. Ik hou niet van tierlantijntjes, maar ook niet te basic. Alleen kant vind ik te doorzichtig.'

▶ **KATJA SCHUURMAN, 31 JAAR, ACTRICE**

'Dit setje doet me aan Monica Bellucci denken, het heeft een Italiaanse uitstraling. Zelf ben ik niet meer zo van de beha's, ik wil niet teveel op mijn lichaam voelen. Hoe minder stof hoe beter, dat voelt prettiger. Als ondersteuning heb ik ze ook niet nodig, want die van mij blijven toch wel overeind, ik denk dat ze pront blijven tot mijn tachtigste.'

▶ **FRANCES, 25 JAAR, DANSERES**

'Dit setje past mooi bij mijn huid. Het heeft een goede vulling. De bandjes zijn kruislings, doet me denken aan een corsetje. De achterkant is ook vet. Het is lenteachtig, meisjesachtig, maar ook vrouwelijk en vrolijk.'

◀ **MAVIS, 57 JAAR, BOEKINGSTELEFONISTE, MOEDER VAN ANASTASIA**

'Zwart is altijd goed en mooi.'

◀ LAURINDA, 41 JAAR, RECEPTIONISTE

‘Roze is schattig. Dit is een heel verleidelijk setje. Als ik dit aan heb, voel ik me sexy en schattig.’

▶ ANASTASIA, 34 JAAR, MARKETING- EN COMMUNICATIEMEDEWERKSTER

‘Voor mij moet een setje stevig zijn en dit ziet er stevig uit. Daarnaast hou ik vooral van zwart, maar niet te simpel. Helemaal goed, dus.’

◀ MICHELLE, 14 JAAR, SCHOLIER

‘Ik vind het grappig, verder weet ik er niks over te zeggen.’

▶ ALICE, 22 JAAR, STUDENT

‘In dit setje zou ik me sexy en gewaagd voelen. Het is spannend, omdat het onderbroekje doorschijnt. En als je een stukje van de beha ziet, kun je niet precies zien wat eronder zit, maar wel een detail.’

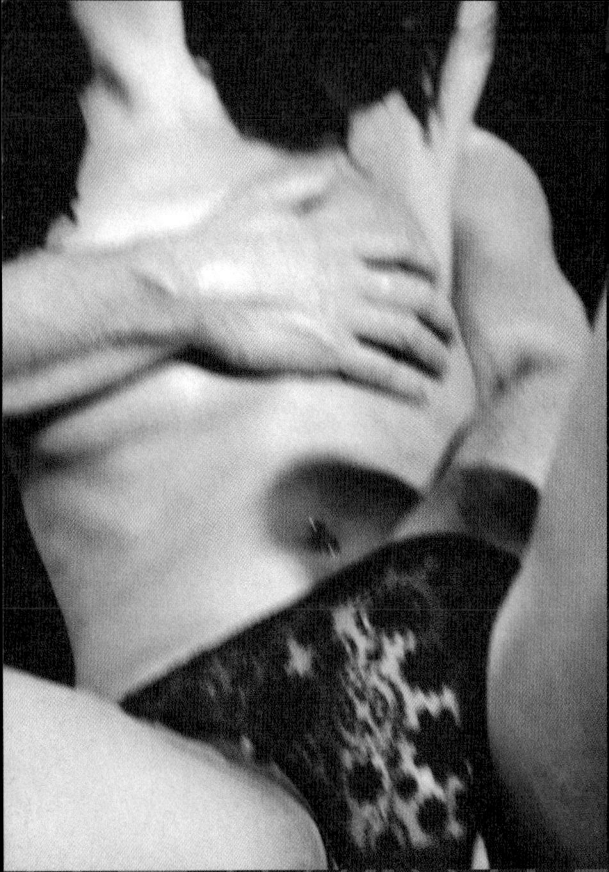

'NORMAAL GESPROKEN BEN IK EEN RUSTIGE, GEZELLIGE MEID VAN 27 JAAR DIE GEEN RARE DINGEN DOET. ALLES MOET VERTROUWD ZIJN, VAN IETS ANDERS OF NIEUWS WORD IK ZENUWACHTIG. Dat is ook zo met het versieren van jongens. Heb ik er eentje aan de haak geslagen, dan laat ik de haak weer los omdat ik te zenuwachtig wordt. Onzekerheid is denk ik de oorzaak. Niet nodig, vindt mijn man. Hij zegt dat ik er goed uitzie. Een normaal postuur, blauwe ogen en lange blonde haren, ofwel: wens van veel mannen.

Alles werd anders toen ik op mijn werk mijn nieuwe collega zag. Echt een "foute" man. Zijn geur, zijn blik, zijn lippen, als ik hem zag, werd ik week. Iets wat ik eigenlijk nooit bij mijn echtgenoot heb ervaren. Let wel, mijn man is super! Fantastisch, die laat ik nooit meer gaan, maar deze collega, dat was pure lust. Steeds vaker gingen we samen een sigaret roken en we stuurden stoute sms'jes over wat we bij elkaar zouden doen. Thuis heb deze situatie besproken, want ik vond het toch vreemd. Gelukkig stonden we al enige tijd open voor "lust-situaties", maar dan ging het om seks met andere stellen.

Op een avond stonden we in een café, waar ook mijn collega was. Na een aantal drankjes heb ik de stoute schoenen aangetrokken en mijn man gevraagd of ik het met hem en met mijn collega mocht doen. Mijn collega ging vervolgens met ons mee en ik heb de nacht van mijn leven gehad. Het verliep erg leuk en soepel, het gaf me een ontzettend gevoel van macht. Geweldig dat twee mannen alleen met jou bezig zijn.

Na die avond heb ik nog een aantal keer seks gehad met mijn collega, zonder mijn man erbij. Die wist ervan en vond het goed. Daarna zijn mijn man en ik meer gaan swingen en dat bevalt ons erg goed. Op kantoor was het wel erg lastig om het stil te houden. Inmiddels werk ik niet meer bij dat bedrijf. Helaas zie ik mijn minnaar daardoor niet meer, ook omdat ik niet meer in de buurt woon. Door destijds de stoute schoenen aan te trekken, ben ik zeker losser geworden. Het enige probleem is dat ik af en toe een tikkeltje te los ben, in sommige situaties moet ik me inhouden om geen stoute dingen te doen.'

Na een aantal drankjes HEB IK DE STOUTE SCHOENEN *aangetrokken*

IK WIL SERIEUS GENÓMEN WORDEN

'"Ik wil serieus genómen worden." Ik leg de klemtoon expres verkeerd en kijk hem vragend aan, de onbekende op mijn bank met wie ik al twee weken stoute sms'jes uitwissel. Hij zit wijdbeens onderuit gezakt op mijn bank, twee meter lekker manvlees. Ik hoop niet dat hij klein geschapen is, daar kan ik het echt niet op.

Ik neem hem mee naar mijn bed, hij trekt mijn rokje naar beneden. Er zit een gat in mijn slip, toevallig precies op de goeie plaats, hij stopt er een vinger in. Ik ben een laag vingerniveau gewend, maar hier is een professional aan het werk, mijn hersens trillen in mijn pan.

Alle mogelijke ingangen worden onder handen genomen, ik kronkel over het bed, het wordt me teveel, ik stop en zeg zo ongeïnteresseerd mogelijk: "Ga je me nog nemen of hoe zit dat?"

Hij gooit een condoom om en stoot zich een weg naar binnen, hij is heerlijk groot en weet hoe hij een vrouw moet raken, we werken alle standjes door die ervoor nodig zijn om tegelijk tot een orgasme te komen. Bezweet en hijgend liggen we op elkaar. Terwijl ik door zijn borsthaar woel, denk ik: dit is geen man met wie je trouwt, dit is een man die neukt je een keer en dan nog een keer en dan zie je hem nooit meer.

Glimlachend vraag ik: "Nog een keer?"'

HELEEN IS STOUT
the making of Playboy

Er zijn maar weinig dingen in mijn leven waarover ik lang nadenk. Met lang bedoel ik langer dan tien minuten. Tussen het moment dat ik werd gevraagd voor *Playboy* en het moment dat ik daadwerkelijk mijn kleren uittrok, zat een denkperiode van drie jaar, vier maanden, drie weken en vier dagen.

Al die tijd heb ik getwijfeld, geaarzeld, gewikt en gewogen. Dat had niets te maken met mijn oma die het erg zou vinden, want mijn oma is dood. Het had niets te maken met mijn moeder, van haar trek ik me allang niets meer aan. Het had niets te maken met mijn man, zijn commentaar bestond op het laatst nog maar uit twee lettergrepen: 'Poen. Doen.' Het had niets te maken met mijn kinderen, die konden best nog wel een traumaatje gebruiken. Het had, zoals gewoonlijk, louter en alleen te maken met mijzelf.

Iets in mij verzette zich hevig tegen het idee dat ik als willige deerne in de etalage van Hugh Hefner zou worden geplaatst. Wanneer ik een *Playboy* doorbladerde, kon ik enige ergernis nooit onderdrukken. **WAT IS HET TOCH MET VROUWEN DAT ZE ZICH ALTIJD IN VAN DIE BESPOTTELIJKE POSES LATEN FOTOGRAFEREN?** Benen gespreid, billen naar achteren, borsten naar voren, duim in je onderbroek, onderbroek iets omlaag, mond een beetje open, tong langs lippen, laat die onderbroek nu maar helemaal zakken, zet je knie op het bed, je benen iets wijder, leg je hand er maar tussen, goed zo, ga door, ga door.

Alle plaatjes zijn anders, maar ze zeggen steeds hetzelfde: kijk eens goed naar me, ik ben geil, ik ben mooi, ik ben seks. Bewonder mijn borsten, kijk mijn kont. Wil je me? Zeg ja, zeg ja, zeg ja! De vrouw is seks. De man is de hijgerige hond die haar aanbidt. Mannen hebben het patent op ja, vrouwen hebben het patent op de uitnodiging. Dat doen ze doorgaans niet schriftelijk. Dat doen ze door zich te tonen. Dat doen ze grofweg tussen hun vijftiende en vijfendertigste levensjaar.

Toen *Playboy* me vroeg, telde ik vijfendertig lentes en drie nucleaire winters. Je schijnt als vrouw vereerd te moeten zijn met zo'n invitatie, maar dat was ik aanvankelijk niet. Dat had te maken met het feit dat de invitatie de laatste jaren nogal aan inflatie onderhevig lijkt. **JE HOEFT TEGENWOORDIG ALLEEN MAAR JE INTREK TE NEMEN IN HET BIG BROTHER-HUIS, DAAR VIND JE DE ENVELOP VAN *PLAYBOY* IN HET WELKOMSTPAKKET TUSSEN DE BIG BROTHER-TANDENBORSTEL, HET BIG BROTHER-ZEEPJE EN DE BIG BROTHER-TAMPONS.**

Tijdens een van onze vele tête-à-têtes in de Bananenbar in Amsterdam heb ik de hoofdredacteur van *Playboy* duchtig over deze en andere kwesties aan de tand gevoeld. 'Wie vraag je nou eigenlijk niet, Jan?' vroeg ik. 'Wees eerlijk. Bestaan er bekende vrouwen die je niet hebt gevraagd?'

'Die zijn er heus wel,' bromde Jan.

'Noem er drie, Jan. Nee, noem er twee. Noem er één! Eén bekende vrouw, Jan, die je nog niet voor *Playboy* hebt gevraagd.'

Na lang nadenken noemde hij een naam. Onwillekeurig trok een rilling door me heen. Als deze vrouw ooit naakt in *Playboy* zou verschijnen, zou Hugh Hefner waarschijnlijk voor het eerst van zijn leven een slappe krijgen van zijn eigen blad. Er zouden tientallen blikken bunnies moeten worden opengerukt om hem weer tot leven te krikken. Paniek zou uitbreken, de beurskoers zou dalen, Jan zou op staande voet worden ontslagen.

'Dat kun je inderdaad beter niet doen,' gaf ik toe. 'Maar nu wil ik jou een paar vrouwen voorleggen.'

Jan stopte een vijfeurobiljet in de bustehouder van een dame die over de bar voorbij kroop. 'Kom maar op,' zei hij. Hij had duidelijk vaker met dit bijltje gehakt.

'Rita Verdonk?'

'Als stunt? Graag.'

'Femke Halsema?'

'Zeker. En dan nog liever Mei Li Vos van de PvdA, maar politici vragen we niet. We verspillen onze tijd niet aan hopeloze missies.'

'Marijke Helwegen?'

'Goeie vraag, maar waarschijnlijk niet.'

'Waarom niet?'

'Omdat ik vermoed dat we niemand daarmee een plezier doen. Vorig jaar hebben we als proefballonnetje Connie Breukhoven voor het kerstnummer gevraagd. We kregen veel verontruste reacties van onze lezers, dat was dus waarschijnlijk geen goede keus geweest.'

'Weet je wat mij nou dwarszit, Jan?' vroeg ik.

'Vertel,' zei hij vaderlijk.

'Stel dat ik geen schrijfster was. Stel dat ik een willekeurige, inmiddels eenenveertigjarige huisvrouw uit Almere was, die je toevallig tegenkwam in de Aldi. Zou je dan verstijfd van schrik door mijn oogverblindende schoonheid je kratje bier uit je handen hebben laten glijden en je aan mijn voeten hebben geworpen, roepend: "Jij! Jij goddelijke schoonheid. Jij boterbloem. Word mijn Playmate! Ik smeek je, poseer voor mijn blad."'

Jan was er verdacht snel uit en schudde kordaat zijn hoofd. Ik had tijd nodig om het toch nog onverwachte en schokkende nieuws te verwerken. Jan bestelde een derde ronde frozen margaritas en gaf me zijn zakdoek. De hoofdredacteur van *Playboy* blijft onder alle omstandigheden een heer.

'Dus als ik geen bestsellers schreef, zou ik nooit in *Playboy* komen?' vroeg ik nadat ik mijn ogen had gedept en mijn neus uitgebreid had gesnoten.

'Niet als Playmate.'

'Hoezo, niet als Playmate? Ik word nu toch een Playmate? Ik krijg een nietje in mijn buik.'

'Je krijgt geen nietje in je buik,' zei Jan afwezig. Hij moest de grootste kiezen uit een tros bananen en ze leken allemaal op elkaar.
Ik zette mijn margarita met een klap op de bar. 'Hoezo krijg ik geen nietje in mijn buik? Als ik in *Playboy* kom, dan eis ik een nietje in mijn buik. Als dat er al niet meer vanaf kan...'
'Jij wordt geen Playmate, Heleen. Alleen Playmates krijgen nietjes in hun buik. En een uitklapposter.'
'Wat word ik dan? Een bunny? Krijg ik oortjes en zo'n lief, poezelig staartje?' Ik begon te giechelen. 'Toen ik wist dat ik jou vandaag weer zou zien, heb ik dat de hele dag gezongen. Ik ben een buuunnny, ik ben een buuuunny!'
Een paar klanten keken verstoord om. De bananenmevrouw zat tegen het hoogtepunt van haar act aan.
'Sst!' Jan legde snel zijn vinger op mijn lippen en boog zich naar me over. 'Zeg nóóit dat je een bunny bent,' fluisterde hij op dringende toon. 'Zo haal je jezelf naar beneden. Zij staan het laagst op de ladder, het zijn de mindere godinnen van het *Playboy*-imperium. Ze reiken de drankjes aan in The

Als ik in Playboy kom,
DAN EIS IK
EEN NIETJE
IN MIJN BUIK.
Als dat er al niet meer vanaf kan...

Mansion, meer niet. Een Playmate zul je ook nooit in een bunny-pakje zien rondlopen. Daar voelt ze zich veel te goed voor.'

Ik knikte ernstig. Wie zou ooit hebben gedacht dat er in de naakte onderwereld een heus kastensysteem van kracht was? **EEN BLOTE POES IS EEN BLOTE POES, ZEI MIJN OMA ALTIJD, MAAR DIE VERKEEK ZICH WEL VAKER OP DERGELIJKE ZAKEN.**

'Ben jij weleens op The Mansion geweest?' Ik begon nu ook maar te fluisteren.

'Natuurlijk.' De blondine die net op zijn schoot was geklommen voor een lapdance van het huis, werd door Jan voorzichtig teruggezet op de vloer. 'Het is een beetje vergane glorie. Indrukwekkend als je door de hekken naar binnen rijdt, maar vanbinnen nogal muf en gedateerd. Kromme apen, scharrige papegaaien, dat werk. Hugh woont er nog met zijn vriendinnen Holly, Bridget en Kendra. Zij zijn gemiddeld zevenentwintig, hij is tachtig. Als Hugh naar buiten komt, moet hij zwaar ondersteund worden door twee bunny's. Hij probeert kwiek te lopen, maar na twintig meter gaat dat dan toch mis. Zijn dochter Christie leidt het *Playboy*-imperium. Dat is een indrukwekkende vrouw, ze zal een jaar of vijfenvijftig zijn. Eigenlijk is het wachten tot Hugh overlijdt, dan wordt The Mansion vast een museum of zoiets.'

Terwijl wij zaten te wachten tot Hugh Hefner zou overlijden, namen we nog een drankje.

'Maar Jan, als ik geen Playmate word en ook geen bunny, wat word ik dan?'

'Jij wordt een celebrity nude,' sprak hij plechtig. 'Een grote eer die slechts voor enkele stervelingen is weggelegd. Dat betekent dat je mooi bent én beroemd. Ik zal je nu een paar namen noemen van je illustere voorgangsters.'

Hij kende ze allemaal uit zijn hoofd. Marilyn Monroe, Jayne Mansfield, Ursula Andress, Raquel Welch, Jane Fonda, Bo Derek, Joan Collins, Farah Fawcett, Kim Basinger, Cindy Crawford, Pamela Anderson, Sharon Stone en Madonna.

Tjongejonge. Dat was me het rijtje blote poezen wel. Welke vrouw zou er niet tussen willen liggen?

Jan hief zijn hand, hij was nog niet klaar. 'En dan hebben we in Nederland: Mieke de Boer, Kelly van der Veer, Rebecca Loos, Tonny de Jong, Sabine

Wendel, Sheila Timmerman, Sandra Timmerman, Marian Mudder en waarschijnlijk, maar dat moet onder ons blijven: Rowena, de vriendin van Lange Frans.'

IK WEET NIET MEER WIE VAN DEZE VROUWEN HET WAS DIE MIJ UITEINDELIJK DEED BESLUITEN OM AAN BOORD TE STAPPEN. HET ZAL DIE HETE BLIKSEM VAN EEN MUDDER GEWEEST ZIJN OF ANDERS TONNY DE TONG.

'Jan, mijn jongen,' zei ik, terwijl ik me afvroeg waar die vierde margarita zo snel was gebleven. 'Je hebt me overtuigd. Het is dat we ons hier in een beschaafd etablissement bevinden, anders zou ik van pure vreugde een vinger in mijn poepgaatje steken. En om het af te leren, ook eentje in die van jou.'

'Je maakt me verlegen.' Er verscheen een gezonde blos op zijn ongeschoren wangen. Wat was het toch een schat.

'Doe niet zo mal, gekkie,' antwoordde ik met mijn liefste glimlach. 'Alle credits zijn voor jou.'

1965 *was een* GOED *jaar*

FAMKE JANSEN
Actrice
BROOKE SHIELDS
Actrice
ELIZABETH HURLEY
Model/actrice
J.K. ROWLING
Auteur
SARAH JESSICA PARKER
Actrice
SHANIA TWAIN
Zangeres
DIANE LANE
Actrice
HEIDI FLEISS
Hoerenmadam
BJÖRK
Zangeres
LINDA EVANGALISTA
Supermodel
DAPHNE JONGEJANS
Schoonspringster

HELEEN & MARLIES

We zijn allebei van 1965. We roken niet, we drinken niet en we komen van katholieken huize. We zijn doortastend, eigenwijs en onafhankelijk. Toen we elkaar voor het eerst ontmoetten, was het alsof we een verloren tweelingzus terugvonden. Ondanks alle overeenkomsten, verschillen we als dag en nacht. Marlies is netjes, ik ben een slons. Marlies houdt van dure spullen, ik van goedkope. Marlies is gefocust, ik chaotisch. Marlies is punctueel, ik ben altijd wat later. De levensgeschiedenis van Marlies en mij in vier decennia en een beetje.

OVEREENKOMSTEN & VERSCHILLEN	MARLIES DEKKERS	HELEEN VAN ROYEN
GEBOORTEJAAR	1965	1965
GEBOORTEPLAATS	Oosterhout	Amsterdam
GODSDIENST	katholiek gedoopt	katholiek gedoopt
LENGTE	1'68	1'69
KLEUR OGEN	groen	bruin
KLEUR HAAR	kastanje (geverfd)	donkerbruin
BH-MAAT	75 D	75 A/B
DOCHTER	1, Zilver 1998	1, Olivia, 1992
ZOON	0	1, Sam, 1996
BURGERLIJKE STAAT	Gescheiden	Getrouwd
ALCOHOL	Zeer sporadisch	Zeer sporadisch
ROKEN	Nee	Nee
DRUGS	Nee	Nee
BEROEP	Lingerieontwerpster/ creatief directeur	Schrijfster

BIOGRAFIE *Marlies*

1965 - 1975

Vastberaden en eigenwijs, zo was ze als kind en zo is ze altijd gebleven. Volgens haar moeder werd dat al voor haar geboorte duidelijk. 'De verloskundige zei dat het nog uren zou duren, maar ze was amper vertrokken of daar kwam Marlies, haar vader heeft haar ter wereld geholpen.'

Haar wieg stond in het Brabantse Oosterhout. De familie Dekkers was een katholiek arbeidersgezin, vader Yvo was machinebankwerker, moeder Annie was huisvrouw. Marlies heeft een zeven jaar oudere broer Ad en een twee jaar jongere zus Anja.

Bijzonder stout was de kleine Marlies niet, wel eigengereid. 'Wat ze in haar kop had, had ze niet in haar kont,' vat haar moeder samen. Op driejarige leeftijd moest Marlies drie weken in het ziekenhuis verblijven vanwege een virus. Al die tijd weigerde ze een woord te spreken, wat haar ouders en de doktoren ook probeerden. Pas weer thuis, toen ze haar broer Ad zag, begon ze te praten. Tegen hem kwam het hele verhaal eruit.

Haar fascinatie voor mode zat er vroeg in. Op zevenjarige leeftijd deed Marlies haar communie. **ZE WEIGERDE DE GANGBARE WITTE LAKSCHOENTJES AAN TE TREKKEN. HET MOESTEN GEKLEURDE LAKSCHOENTJES ZIJN, MÉT HAKKEN.** En dat werden het ook. Het geloof speelde een grote rol in haar leven, het sprak haar aan en ze was er erg fanatiek in. Dit kwam waarschijnlijk mede door de oma van Marlies, die zeer gelovig was en bij het gezin inwoonde.

Voor zus Anja was Marlies als een tweede moeder, die alles voor haar deed. Marlies bracht haar naar school, vertelde spannende verhaaltjes, masseerde haar in slaap en zocht haar kleding uit. 'Marlies was vroeg volwassen, dacht overal over na en verdedigde haar uitgesproken mening met hart en ziel. Voor mijn ouders was dat niet altijd even makkelijk. Ze gedroeg zich op jonge leeftijd al als een dametje, niet als een kind. Als ik foto's uit die tijd bekijk, zie ik Marlies met hoog opgestoken haartjes als een toeter op haar hoofd en hakjes aan. Ook al was ze maar twee jaar ouder, ik had groot respect voor haar. Haar mening was voor mij de waarheid.'

1975-1985

Je hebt meisjes die altijd meisjes willen blijven en meisjes die vrouw willen worden. **MARLIES DEKKERS KON HAAR BORSTEN ER WEL UIT KIJKEN,** kind zijn vond ze niks, ze kon niet wachten tot ze een echte vrouw was. Lingerie fascineerde haar, omdat er een zweem van verbod, van stiekem overheen hing.

'Als kind stond ik al met mijn neus tegen de etalages van lingeriewinkels geplakt. Toen ik een jaar of dertien was, kreeg ik eindelijk vormen, maar vanaf mijn zevende heb ik de dagen zitten tellen. Ik ben dol op mijn borsten. Altijd al geweest. Natuurlijk zijn ze gewoon een deel van mezelf, net zoals mijn voeten en mijn ellebogen, maar ik beschouw ze als een juweel. Of als hele mooie hoge hakken. En je krijgt ze er gewoon gratis bij! Welke maat ik ook

vastberaden en eigenwijs,
ZO WAS ZE ALS KIND EN ZO IS ZE
altijd gebleven

had gekregen, ik had ze sowieso prachtig gevonden. **BORSTEN ZÍJN GEWOON PRACHTIG. IK KAN ME GOED VOORSTELLEN DAT MANNEN HELEMAAL GEK WORDEN VAN AL DIE BORSTEN OVERAL.'**

De dag dat Marlies eindelijk haar eerste beha mocht kopen, liep uit op een teleurstelling. Alle beha's leken op die van haar moeder. 'Ze waren niet lelijk, ze hadden best snoezig kant en zo, maar ze waren zo weinig modern. Het was niet wat ik had verwacht.'

Zodra ze naald en draad kon hanteren, ging Marlies met stoffen en andere materialen aan de gang om haar eigen kleding te maken. Haar creaties waren legendarisch in en om Oosterhout, vooral omdat ze altijd vol trots de straat op ging om ze te showen. Als ze vele jaren later in haar beruchte 'blotebillenjurk' door de rosse buurt van Amsterdam wandelt, doet ze eigenlijk niets anders dan wat ze altijd al heeft gedaan: laten zien wat ze heeft gemaakt, uitproberen of het werkt.

'Ze maakte haar kleding zelf, heel apart, heel gewaagd vaak ook,' beaamt haar moeder. 'We hebben haar nooit tegengewerkt, maar we riepen ook niet altijd hiep hiep hoera. 'Wacht maar,' zei ze vroeger, 'ik schop het zover dat ik op tv kom.' Ze heeft gelijk gekregen. We zijn erg trots op haar en op wat ze heeft bereikt.'

Gelijk met haar borstomvang, nam ook haar nieuwsgierigheid naar de andere sekse toe. Beste vriendin Monique maakte de puberende Marlies mee van haar dertiende tot haar zeventiende. 'Braaf waren we niet. We zijn een keer stiekem naar onze vriendjes in Renesse gegaan, die daar op een camping stonden, terwijl onze ouders dachten dat we in een jeugdherberg in Bruinisse zaten. Renesse was een eind weg, twaalf uur trappen door weer en wind, maar we hebben het gehaald. We belden het thuisfront braaf elke dag met mooie verhalen over het verblijf in de herberg. Dat we te laat thuis waren gekomen, dat we als corvee bergen aardappels moesten schillen, allemaal van a tot z verzonnen.'

Monique had nooit verwacht dat Marlies zo succesvol zou zijn. 'In de tijd dat ik haar kende, was ze vooral met jongens bezig. Onze favoriete hangplek was de friettent in de buurt, omdat daar een hele knappe gozer werkte. We aten ons ongans aan nasiballen en probeerden intussen zijn aandacht te trekken. Hele fantasieën hadden we over die jongen. Nooit wat geworden, trouwens. Ik kom Marlies daar nu weleens tegen: ze houdt nog steeds van nasiballen.'

De jongen voor wie Marlies de fietstocht naar Re-

KOFFIESHOP
MANOLYA
VB-JV-01

nesse maakte, was Christiaan van Vugt. Hij weet niet beter of Marlies was altijd al bezig met mannen en verleiding. 'Haar ouders hadden het niet breed en ze maakte al haar kleding zelf. Heel erotisch getint, haar rokjes en broekjes waren zo kort dat je haar billen kon zien zitten. In mijn beleving heeft ze van haar hobby haar werk gemaakt.'

Ook ging het stel geregeld samen stappen. 'Ze hield van dansen en vond het leuk om mannen het hoofd op hol te brengen. Als het haar te heet onder de voeten werd, kwam ze terug bij mij, ik was de veilige zone. Soms ging het mis. Dan was zo'n jongen pissig dat hij niet kreeg wat hij verwachtte en kwam hij verhaal halen. Een meisje sla je niet, dus dan sprong ik ertussen. Hoe vaak ik niet voor haar heb gevochten! Soms zag ik de bui al hangen en had ik buiten een draaiende brommer of taxi klaarstaan om er samen vandoor te kunnen gaan. Ik ben heel wat keren met een keurig wit overhemd gaan stappen en met een vuil hemd vol rode vlekken thuis gekomen. Veel vrienden heb ik niet gemaakt in die tijd, maar we hebben wel lol gehad, ze was natuurlijk zo zot als een deur.'

Christiaan denkt dat Marlies schrijfster had kunnen worden. Hij ontving stapels liefdesbrieven van haar, die soms al op zijn vakantieadres op hem lagen te wachten. 'Ik heb ze lang bewaard, ze waren prachtig en erotisch getint. Op een gegeven moment heb ik ze weggegooid, daar heb ik eigenlijk spijt van.'

In 1977 ging Marlies naar de huishoudschool. In het gezin waar ze opgroeide, was dat volkomen normaal. Een meisje trouwde en werd huisvrouw, studeren was duur en nergens voor nodig.

'WE KREGEN LES IN VLAFLIPS MAKEN. DAT IS NIET HEEL MOEILIJK, DAT HEB JE SNEL DOOR, TOCH WERDEN ER UREN AAN BESTEED. Ik verveelde me dood. Hoe houd je mensen dom? Een kind van zeven jaar snapt in drie minuten hoe je een vlaflip moet maken.'

Na de huishoudschool ging Marlies naar de vhbo, een soort versnelde havo. Dat werd haar niet door iedereen in dank afgenomen.

'In Oosterhout was ik lid van de carnavalsvereniging, ik was ook Miss majorette. Zodra ik mijn vleugels uitsloeg en dingen deed die anderen niet konden of durfden, viel ik buiten de groep. Mijn ouders vonden het moeilijk. Ik zou alleen maar geld kosten en niets opleveren. Mijn vrienden wilden niet meer met me omgaan en ik werd uit de carnavalsvereniging gegooid. **IK VOELDE ME EEN MIX VAN REMY EN CALIMERO.'**

1985-1995

In 1986 werd Marlies aangenomen op de kunstacademie St. Joost in Breda, zeg maar de Rietveld van de provincie. Wim Ewals gaf Marlies tekenles. 'Ze was enorm leergierig en heeft nooit één les gemist. Ze tekende haar figuurtjes in uitdagende standjes met achteruitstekende billen. Het jaar van Marlies was een goed jaar, de studenten waren met veel elan bezig, werkten sterk inhoudelijk en vertegenwoordigden een nieuwe tijdgeest. Marlies sprong eruit met haar uitspraken en ferme ideeën.'

Ook op de kunstacademie had Marlies er moeite mee om gezag klakkeloos te aanvaarden, ze lag al snel met het hoofd van de school in de clinch. Zo mochten alleen de oudste klassen een show houden van hun creaties. Marlies vocht dat aan en kreeg het voor elkaar dat elk jaar zijn eigen show

mocht houden. Pa en ma Dekkers genieten bij de herinnering: 'Ze bedacht allemaal van die aparte dingen. Ze liet alle ouders een bandje inspreken waarop ze vertelden wat hun wensen waren voor hun kind, dat werd dan bij het showen van hun item afgedraaid.'

In het derde jaar won Marlies de aanmoedigingsprijs bij de Smirnoff-wedstijd. Ze zette hiervoor een theatrale show neer in de oude Roxy met minuscule kleding vervaardigd van pantystof. Het werd een gedenkwaardige avond, waarbij Marlies van de trap afviel en in het ziekenhuis terechtkwam met een erg sexy outfit aan en de helft van de studenten een alcoholvergiftiging opliep.

Haar vroegere tekenleraar weet dat Marlies altijd heftige reacties oproept. 'Je bent voor haar of je bent tegen. Ik heb altijd het gevoel gehad haar te moeten verdedigen, ik heb er zelfs vriendschappen door verloren. Mensen vielen haar aan op haar succes, haar extreme verschijningsvormen, die vonden ze aanstellerig. Ze zou kapsones hebben en opportunistisch zijn. **IK ZIE HAAR ALS IEMAND DIE ZICHZELF IS. AAN DE ENE KANT IS ZE ONSCHULDIG, MAAR TEGELIJKERTIJD ZET ZE HEEL BEWUST EEN IMAGO NEER.** Ze knokt en werkt heel hard voor haar succes.'

Ewals begrijpt goed wat Marlies met haar lingerie wil. 'Ze vindt het belangrijk dat vrouwen zich lekker en sterk voelen in haar outfits. Alles wat ze maakt, heeft een "kinky" twist. En het werkt. Dat zie je aan haarzelf: ze dost zich nog steeds behoorlijk bloot uit, ook al is ze de jongste niet meer. Ik ben een nicht en een estheet, misschien dat ik te kritisch ben, maar we waren laatst aan het stappen in Breda en ik vond eigenlijk dat het niet meer kon. Marlies reageerde laconiek: "Ben je gek, putjes kunnen ook heel mooi zijn, hoor." Daar kon ik het mee doen.'

Hij volgt alles wat ze doet met belangstelling en als hij haar op tv ziet, een keurig opgemaakte dame met strakke eyeliner, moet hij altijd weer denken aan de keer dat ze op school aan haar scriptie zat te werken en haar computer crashte. 'Ze werd woedend en barstte vervolgens in tranen uit. Dat beeld van haar, dat kwetsbare meisje, dat zie ik nog altijd voor me, ook als ik haar als geslaagde zakenvrouw zie optreden.'

In 1991 studeert Marlies cum laude af met een 'blotebillenjurk'. In 1993 krijgt ze een beurs om een eigen lingeriemerk te lanceren. In dat jaar start ze haar bedrijf, waar tot 1995 vier mensen werken, Marlies zelf, haar zus Anja, haar vriend Peter en nog een medewerker. Met zijn vieren doen ze alles: ontwerpen, productiebegeleiding, bestellingen, de setjes inpakken en pakjes rondbrengen, de pr en de administratie.

Mieke van der Linden maakt radioprogramma's en zit in de denktank van het bedrijf van Marlies. Ze hebben elkaar ontmoet bij een culturele manifestatie. 'Zakelijk zou ik Marlies zeker stout noemen. Ze is heel duidelijk in haar communicatie, sommige mensen zien haar als een bitch, maar dat is ze zeker niet. Zij is de baas en dat laat ze goed merken. Ze beheerst het spel van bluffen, voor het blok zetten en tegen elkaar uitspelen. Ze is niet van haar stuk te brengen. Hierin is zij extreem creatief en stout. Ik kan me heel goed voorstellen dat zij daar een ongelofelijke kick van krijgt, een adrenalinestoot: ik kan de wereld aan.'

Privé vindt Mieke Marlies niet zo stout. 'Ik zie voornamelijk het kleine, katholieke, kwetsbare meisje, dat zichzelf vooral vanwege haar achtergrond stout vindt. Het is haar werk om vrouwen aan te sporen stout te zijn. Marlies vindt het heel belangrijk dat vrouwen zelf kunnen bepalen wat wel en niet kan, dat ze zich onafhankelijk opstellen. Ze kan zich ongelofelijk opwinden over het feit dat onafhankelijkheid voor mannen nog altijd veel meer geaccepteerd is dan voor vrouwen.'

1995-2005

Directeur Wim Pijbes van de Kunsthal Rotterdam ontmoette Marlies in 1995 op een cruciaal mo-

ment in haar carrière. 'We organiseerden samen een tentoonstelling van haar werk in de Kunsthal. In die tijd begon SBS6 met het uitzenden van seksprogramma's. Marlies werd vereenzelvigd met deze toch wel platte programma's. Ik vond dat dit Marlies tekort deed. Haar werk is van hoog niveau en met een gedachte erachter. **ZE BRENGT LINGERIE MET EEN BOODSCHAP. HET IS MEER DAN SEXY ALLEEN.'**

Door de tentoonstelling in de Kunsthal werd het werk van Marlies in een klap in een culturele context geplaatst. Pijbes voelt zich erg aangesproken door de werkwijzen en gedachten van Marlies. 'Zij hanteert begrippen als verhullen, omlijsten. Het billenjurkje is daar een mooi voorbeeld van. Van voren een kuis jurkje en van achteren een omlijsting van de billen. Deze gedachtegang was gangbaar in de beeldende kunst, maar tot die tijd volstrekt nieuw in de lingeriewereld.'

In 1996 trouwde Marlies met Peter Wagenaar, met wie ze op dat moment vijf jaar een relatie had. Hij is mede-eigenaar van de MD-Group en zakelijk directeur. In 1998 beviel Marlies van hun dochter, Zilver.

Marlies wordt in 2004 door *ELLE* verkozen als Innovator van het jaar dankzij haar steeds vernieuwende ontwerpen. Uit het juryrapport: 'Iedere vrouw voelt zich mooi en sexy in haar ontwerpen. Daarnaast beschikt ze over een feilloos zakelijk instinct. Haar merk wist ze uit te breiden met zonne-

brillen en badmode zonder haar unieke signatuur op te geven. Ze is altijd innovatief en weet dat te koppelen aan een perfect gevoel voor marketing. Een combinatie die succes en bewondering afdwingt.'

In 2005 neemt ze Zwanenburg Mode bv over, het bedrijf dat tot dan toe de licentie heeft voor de verkoop van alle Marlies Dekkers-producten in Europa. Haar personeelsbestand wordt in één klap meer dan verdubbeld, van negentien naar vijftig mensen.

Collega Miranda Martinez vat Marlies samen in steekwoorden. Ze vindt haar erg sexy, intelligent, uitdagend en naïef. Naïef, omdat Marlies vaak niet in de gaten heeft dat mannen zo ongeveer hun nek verrekken om een blik op haar decolleté te kunnen werpen. **'ALS WE SAMEN OP REIS ZIJN, HOEF IK ME NIET DRUK TE MAKEN OVER HOE IK ERUITZIE. ALLE OGEN ZIJN GERICHT OP KWATTA.** Maar Marlies heeft niets in de gaten, sterker nog: "Ik kan me niet voorstellen dat iemand met mij bezig is, iedereen heeft het daar toch veel te druk voor?" zegt ze dan. Dat bijna iedereen altijd en overal met seks bezig is, is volgens haar projectie van mij. Nou vraag ik je!'

Miranda en Marlies zaten een keer samen tegenover vijf mannen te vergaderen bij een leverancier in het verre Oosten. 'Op het moment dat Marlies lekker in haar verhaal zit en haar arm nonchalant op de leuning naast haar neerlegt, schiet er een knoopje open van haar bloes. Alle ogen rollen omlaag en blijven op borsthoogte hangen. In die streken is zoiets als een schaduw van een decolleté

al erg gewaagd. Marlies heeft niet in de gaten dat de mannen zo zijn afgeleid dat haar verhaal totaal langs ze heen gaat. Pas als ik een stapel papieren voor haar langs omhoog houd en achter die papieren sis dat haar blouse openstaat, doet ze de gordijntjes met een achteloos gebaar dicht.'

2005 – 2006

In 2005 ontving Marlies de Grand Seigneur, de hoogste modeonderscheiding van ons land. De jury koos unaniem voor Dekkers vanwege haar bijdrage aan de modebewustheid en zelfbewustheid van de vrouw. Uit het juryrapport: 'Marlies Dekkers heeft met haar nieuwe, sensuele aanpak ervoor gezorgd dat er als het ware nieuwe spiegels kwamen. Spiegels waarin elke vrouw zich met behagen bekijkt en verlustigt. Het geheim? Denken. Denken hoe vrouwen denken of zouden willen denken. Ontwerpen voor een gemoedstoestand, zelf wat voorstellen, zelfvertrouwen geven, trots op het lijf zijn. En daarbij niet alleen de schaamte voorbij, maar door geniale grafische vormen accenten verleggen of vergeten plekjes aandacht geven. **MARLIES DEKKERS HEEFT ERVOOR GEZORGD DAT HET PASSEN EN KOPEN VAN EEN BEHA VAN EEN MOEIZAME DAG TOT EEN FEESTJE WORDT.'**

Privé maakte Marlies een zware periode door. Haar relatie met Peter Wagenaar liep in 2005 op de klippen. In 2006 verbrak Marlies de relatie definitief, waardoor hij niet langer kon functioneren als directielid en opstapte bij het bedrijf.

Zakelijk ging de groei van de MD-Group onverminderd door. Marlies Dekkers produceert tegenwoordig niet alleen lingerie, maar ook zonnebrillen, badkleding, bovenkleding en een mannenlijn. Het bedrijf telt bijna duizend verkooppunten, voornamelijk in Europa en er zijn eigen winkels geopend in Amsterdam, Rotterdam, Antwerpen en Bangkok. Het doel is om binnen tien jaar in een aantal andere grote steden een Marlies Dekkers-winkel te vestigen.

Voor zus Anja is de carrière van Marlies geen verrassing. 'Ik had het wel verwacht, omdat ze ambitieus is en nergens voor terugdeinst. Haar motto is: alles proberen en als het haar in haar eentje niet lukt, zorgt ze dat ze de juiste mensen om zich heen verzamelt, die het met haar voor elkaar bokssen.'

Hoewel ze aan het hoofd staat van een groot bedrijf met inmiddels honderd 'vrouw' personeel onder zich, heeft Marlies nog haar zorgende kant. 'Ze weet hoe ze mensen in de watten kan leggen en heeft een warm hart voor haar vrienden en familie. In wezen is ze dus niet veranderd. Laatst was ik ziek en ging haar dochter Zilver glaasjes water voor me halen en de kussens opschudden. Het was net of ik naar Marlies van vroeger keek. Zilver kan precies moederen zoals Marlies dat altijd bij mij deed. Heel frappant.'

Resumerend noemt acteur Serge-Henri Valcke Marlies een 'wijffie met ballen'. 'Ze heeft lef, smaak, perfectiedrang en een stukje *je ne sais quoi*, dat had ze al op de modeacademie. **WERELDKLASSE UIT TULPENLAND, CHAPEAU!'**

BIOGRAFIE *Heleen*

1965 – 1975

Ze werd geboren aan de Johan Huizingalaan 33 in Amsterdam West, de derde dochter van Willem Kroon en Margreet Breed. Het verhaal gaat dat Willem aan zijn familie had verteld dat de derde een jongen zou worden en met enige teleurstelling op haar komst reageerde.

Willem werkte als boekhouder bij de firma Neeb, die handelde in natuursteen. Moeder Margreet was huisvrouw en verdiende soms wat bij met Tupperware-party's.

'Stout zou ik Heleen niet willen noemen,' zegt haar moeder. 'Ze was als kind eigenlijk nogal volgzaam. Intelligent, doordacht, dat is ze nu eigenlijk nog steeds. Ik had een hekel aan liegen en zij ook. We hadden weinig onenigheid samen.'

Heleen werd in de eerste tien jaar van haar leven Heleentje genoemd. Ze verzuchtte weleens dat ze eigenlijk drie moeders had, haar echte moeder en haar twee zussen. Ze was, als de theorieën daarover kloppen, zo op het oog een typisch jongste kind: creatief, vrolijk en een tikje verwend door de aandacht van haar drie 'moeders'.

Inge Glotzbach-van der Kort zat op de lagere school bij Heleen in de klas. Ze noemt haar een spontaan, extravert meisje met erg veel fantasie, dat altijd zeer aanwezig was. 'Ze riep vaak dat ze naar de toneelschool wilde. Ik heb altijd gedacht dat ze dat ook zou doen. Hoewel het me ook niet verbaast dat ze is gaan schrijven. We hadden op maandagochtend altijd een kringgesprek waarin we onze weekendbelevenissen mochten vertellen. De hele klas verheugde zich als Heleen aan de beurt was. Die vertelde haar belevenissen toen al heel beeldend en had ook altijd wel iets meegemaakt.'

Klasgenoot Dimitri Asciutto memoreert dat Heleen er op de lagere school heel anders uitzag dan tegenwoordig. 'Ik zou haar zeker niet aantrekkelijk willen noemen met zo'n pony en dikke brillenglazen, ze droeg ook altijd van die tuttige truien. Ze straalde niets stouts of sexy's uit, sterker nog, het leek wel of ze juist het tegenovergestelde uit wilde stralen, antiseks haast.'

Heleen was geen schoonheid en dat wist ze. En voor zover ze dat niet wist, waren er genoeg anderen om haar dat duidelijk te maken. Jongens op straat die lelijkerd tegen haar riepen. De vader van haar bovenbuurmeisje, die haar bulderend van het lachen vroeg of ze eigenlijk wel wist wie Helena van Troje ofwel Helena de Schone was. Ze had genoeg vriendinnetjes op de lagere school, maar verkering zoals de anderen meisjes uit haar klas had ze nooit. 'Ik had niet het idee dat er iemand op mij viel,' zei ze daarover in 2006 in het programma *Klasgenoten*. 'Dat klopt,' beaamde een van haar voormalige medeleerlingen droog. **ZE WAS VERLIEFD OP PETER, ZE WAS VERLIEFD OP MARC, ZE WAS VERLIEFD OP JANTJE, MAAR DE LIEFDE WAS NOOIT WEDERZIJDS.** Een keer reed ze rond op haar vouwfiets en zag ze Peter lopen.

Alsof de duvel ermee speelde, vouwde haar fiets zich op dat moment op en viel ze om, wat haar het schaamrood naar de kaken deed stijgen. Peter schoot te hulp en repareerde de fiets, iets waarover ze nog weken mijmerde in haar dagboek.

1975-1985

In de zomervakantie 1978 maakt de vader van Heleen een einde aan zijn leven. Het huwelijk van haar ouders was al jaren verre van ideaal. Na de scheiding weigerde haar vader het huis te verlaten. Toen hij dat alsnog deed, was het voorgoed. Haar dagboek houdt Heleen nog maar sporadisch bij. De enige verwijzing naar de dood van haar vader staat helemaal achterin. *'Hoi. Het is 1 maart 1979. Er zijn heel wat nare dingen gebeurd die ik je maar niet vertel. Doeg.'*

Haar moeder, die is achtergebleven met drie schoolgaande dochters, vindt een baan als receptioniste bij de tuberculosebestrijding.

Heleen: 'Mijn moeder is een oersterke vrouw. Ze is niet bij de pakken neer gaan zitten, ze is op haar achtenveertigste het arbeidsproces weer ingegaan en heeft ervoor gezorgd dat haar drie dochters een goede opleiding kregen. Dat vond ze heel belangrijk. **ZE HEEFT ALTIJD GEHAMERD OP ONZE ZELFSTANDIGHEID EN ONAFHANKELIJKHEID. ALS IK IETS WILDE, OF DAT NOU CONTACTLENZEN WAREN OF RIJLESSEN, MOEST IK ER ZELF VOOR WERKEN.** Dat deed ik via vakantiewerk en bijbaantjes. Ze heeft me nooit in een bepaalde richting gepusht. Ze zei altijd dat ik mocht worden wat ik wilde, als ik maar gelukkig werd. "En als ik nou putjesschepper wil worden?" vroeg ik dan. "Als jou dat gelukkig maakt, dan word je putjesschepper." Dat meende ze.'

Na de zomer van 1978 gaat Heleen naar de tweede klas van het vwo. Op school wordt niet over de tragische gebeurtenis gepraat. De moeder van Heleen heeft van de huisarts voor al haar dochters een verwijzing naar een psycholoog gehad, maar daar maken ze geen van drieën gebruik van. Heleen herinnert zich vooral een gevoel van opluchting in de jaren na haar vaders dood. 'Toen hij nog leefde was de spanning in huis vaak om te snijden, mijn vader en moeder verkeerden in mijn beleving in een permanente staat van oorlog. Ik koos onvoorwaardelijk voor mijn moeder.'

Cilia Slot zat bij Heleen op het Pius X Lyceum in Amsterdam. Ze waren vriendinnen tussen 1979 en 1984. 'De eerste foto waar we samen op staan, dateert uit mei 1980. Klas 3B, gymnasium. Blauw en roze waren zo te zien erg in en Heleen was nog getooid met kort haar en bril. Het zal niet zo lang na de dood van haar vader zijn geweest. Ik kan me niet herinneren dat ze daar ooit met mij over heeft gesproken, wel dat ik er aan het eind van onze gezamenlijke schooltijd via via verhalen over heb gehoord. Een groot contrast: zo'n dramatische gebeurtenis versus de Heleen die ik me herinner. **VROLIJK, ALTIJD HAANTJE DE VOORSTE, GOED GEBEKT, SLIM, CREATIEF EN GEESTIG.** En met een klein plastic kerstboompje dat ze in december altijd naar iedere klas meenam.'

Op 5 januari 1981 schrijft Heleen Cilia een brief, ze stuurde wel vaker creatieve uitingen. Dit keer is het een lichtgroen A4-tje helemaal vol, inclusief rode tussenkopjes en Snoopy-versiering. De brief gaat voor een groot gedeelte over jongens en – een beetje STOUT – over een opgelopen schorsing.

'Over de schorsing: O, o, hier thuis is er nog een lekkere scène geweest. "Dat had ik niet van jou verwacht." Etc. etc. Maar ja, ik heb m'n lesje wel geleerd. Ik ga me voortaan in de klas "keurig" gedragen en goed opletten, voor zover ik niet in slaap val, en dan heb ik in de pauzes wel lol. Dat zijn dan mijn goede voornemens voor 1981.'

Haar eerste gepubliceerde fictie schreef Heleen in de schoolkrant. *Een lange, warme zomer* was een vervolgverhaal in de Closetreeks, een persiflage op de welbekende Bouquetreeks. Vriendin Cilia illustreerde elke nieuwe aflevering

VOLGZAAM. INTELLIGENT, DOORDACHT, *dat is ze nu eigenlijk* **NOG STEEDS**

van de Closetreeks met romantische guirlandes van bloemen. Er is één geval bekend van een medescholiere die zo verdiept raakte in het verhaal dat ze haar bushalte miste.

Heleen's allereerste vriendje heet Hans van Rijswijk. Het ging letterlijk en figuurlijk 'aan' op 6 februari 1981. Hans: 'Ik was net zeventien, Heleen bijna vijftien. Zij vond mij al langer leuk dan ik haar, maar op 6 februari, terwijl er in de aula op school een film draaide en wij achter in de zaal zaten, durfde ik een arm om haar heen te slaan. Op dat moment ging het zaallicht aan. Gewoon tijdens de film. Iedereen keek om en begon te joelen. De conrector liep op ons af: "Hans, je zit met je hoofd tegen het lichtknopje." Zo begon het. We zijn na de pauze in het schoolcafé gebleven en hebben daar lang gezoend. **WAT IS HET TOCH MET PUBERS DAT ZE DENKEN DAT JE EEN HALF UUR ACHTER ELKAAR DOOR MOET ZOENEN?'**

Hans en Heleen bleven twee jaar bij elkaar en ontdekten samen (bijna) alles. Hans herinnert zich dat Heleen hun innige verkering soms te benauwend vond. 'We waren erg veel samen en als dat haar teveel werd, zei ze dat ze afstand wilde. Ik wachtte geduldig af tot ik een telefoontje kreeg of ik weer langs wilde komen en als ik dan toch kwam, of ik chips wilde meenemen...'

Bij Heleen thuis was het zelden saai. 'Het was een dynamisch geheel. Er liepen vier ego's rond, ieder met een eigen mening en daar spatten de vonken nog weleens vanaf. Discussies, politiek bewust, moeder wat esoterisch. Heleen leek de meest rustige en nuchtere van het stel. Aan de ene kant was ze heel huiselijk en hadden we het vaak over samenwonen. Maar ze had duidelijk ook haar vrijheid nodig, om te stralen. We hebben daar de basis gelegd hoe in een relatie te staan.'

De relatie met Hans ging uit, Heleen was verliefd geworden op Rik Bleeker met wie ze af en aan verkering had. In deze relatie was het Rik die zich nog niet wilde binden. 'Heleen stout? Ja, als je iemand die kwalificatie moet geven, dan kunnen de rest van de genomineerden voortijdig naar huis. Althans, zo wordt naar haar gekeken. Het is maar net wat je referentie is. Ze is gewoon fysiek ingesteld. Daar moeten ze tegen die tijd maar eens een wetenschappelijk onderzoekje op loslaten.'

Dat ze schrijfster zou worden had hij niet verwacht, maar achteraf gezien vindt hij het niet onlogisch. 'Ze schreef toen ook al een vervolgverhaal voor *Bolwerk*, de schoolkrant. Inclusief erotisch getinte scènes, in die zin kent haar thematiek van nu een vroege start.'

Hij noemt haar een sterke, non-conformistische dame. 'Het is grappig om te zien hoe zij gedijt in de wereld van de *rich & famous*, daar ook plezier aan beleeft, maar feitelijk niets van zichzelf inlevert. Ze gaat haar eigen weg, net als vroeger.'

In 1983 doet Heleen eindexamen vwo met Latijn. Ze slaagt met vlag en wimpel. Het laagste cijfer op haar eindlijst is een zeven. Voor haar eindexamen Engels multiple choice haalt ze als enige van de school een tien, ze heeft nul van de vijftig vragen fout. Haar moeder: 'Heleen leerde makkelijk. Ambitieus vond ik haar niet. Ze koos op het gymnasium het pretpakket. Geen wiskunde, scheikunde, economie, wel alle talen, aardrijkskunde en geschiedenis.'

HELEEN STOUT?

JA, *als je iemand die kwalificatie moet geven,*
dan kunnen de **REST** *van de genomineerden*
VOORTIJDIG NAAR HUIS.

Omdat ze lang droomde van een carrière als toneelspeelster ging ze op aanraden van haar moeder naar de oriëntatie-cursus van de Amsterdamse toneelschool. Dat beviel slecht, vertelt haar moeder. 'Moest ze voor een zaaltje met acht medeleerlingen een fluitketel of een hond nadoen, nou da's natuurlijk helemaal niks voor Heleen. Na acht keer is ze ermee gestopt.'

Op aanraden van een decaan, die opmerkt dat ze schrijven leuk vindt, heeft ze zich ingeschreven voor de School voor de Journalistiek in Utrecht. Ze wil graag een vak leren, studeren vindt ze vaag. Omdat ze het eerste jaar wordt uitgeloot, gaat ze voor een uitzendbureau werken. Ze belandt bij een dakdekkersbedrijf aan de Jacob van Lennepkade. Daar werkt ze een jaar tussen een twintigtal ruige mannen, waar ze zich prima op haar gemak voelt. Ze doet al het tikwerk, de loonadministratie en beantwoordt de telefoon. Met haar salaris financiert ze haar rijlessen. In 1984 wordt ze ingeloot op de School voor de Journalistiek.

1985-1995

'Ik weet nog precies wat ze aan had,' vertelt hartsvriendin Cynthia Panhuis over hun eerste ontmoeting. 'Een stonewashed mini-spijkerrokje, een roze truitje en witte pumps. **ZE HAD EEN COUPE SOLEIL, HAAR HAREN ZATEN IN EEN HOGE DOLLY DOTSTAART OPZIJ.** Ze viel nogal op tussen de anarchistische tiepjes in zwarte kleding met ratten in hun nek. Daar had ze totaal schijt aan, ik was meteen gefascineerd door haar.'

In het wekelijkse rondje moest iedere student vertellen welke kranten hij las, naar welke programma's hij keek. Het gros las *de Volkskrant* en/of *NRC* en keek naar de VPRO. **'HELEEN VERTELDE DOODLEUK DAT ZE VERSLAAFD WAS AAN BOUQUETROMANS EN DAT ZE HET LIEFST *SONS AND DAUGHTERS, DALLAS* EN *DYNASTY* KEEK.** Het gekke was, ze werd niet uitgelachen, wel werd ze vol ongeloof aangekeken.'

Cynthia was indertijd nog maagd, ze kwam net van de havo. Heleen had gewerkt en al wat relaties achter de rug. 'Ze was mijn vraagbaak als het ging om mannen. Zelf flirtte ze graag, daar had ze lol in. Toen we het een keer te bont maakten, werd ze uit het gastcollege van Felix Meurders gestuurd. Mooi dat we daarna van hem een uitnodiging ontvingen om naar de VARA-studio te komen. Heleen had voor de gelegenheid haar Henk Spaan en Harry Vermeegen-sweater aangetrokken met de tekst: "Ik ben heel gewoon!" Ik kwam niet meer bij toen ik dat zag.'

Ze noemt haar vriendin grenzeloos en vol energie. 'Ik ben serieuzer. Heleen wil de nacht pakken, het volle leven in. Ik haak dan op een gegeven moment af en ga naar huis. Ooit had ze een BN'er aan de haak geslagen en ze wilde wel bij hem logeren. Ik moest nog terug naar Amstelveen en was met haar meegereden. Dat vond ze te ver, ze wilde me wel bij haar thuis in Amsterdam afzetten, dan kon ik in haar kamer slapen. Kan je het je voorstellen? Komt de moeder van Heleen 's morgens met een kopje thee binnen, lig ik daar in haar dochters bed en is Heleen de hort op met een vent. "Ik dacht het niet," zei ik. Heleen helemaal verontwaardigd dat ik zo moeilijk deed. Ja, ze heeft me naar huis gebracht, maar ik moest wel de benzine betalen van de krent!'

In het tweede studiejaar, tijdens haar stageperiode

liefde genoot.'

Wat haar ex-leerling heeft gepresteerd, vindt Vera geweldig. '*De gelukkige huisvrouw* is goed geschreven, geestig en mooi gelaagd. *Godin van de jacht* is origineel, maar verrast minder. In de Heleen van nu herken ik natuurlijk de Heleen van vroeger, maar er zijn wel belangrijke accentverschillen. **DE HELEEN VAN NU IS MINDER VROLIJK, EN IS BESLIST GEPROFILEERDER EN SCHERPER IN HAAR STELLINGNAMEN,** en dan doel ik niet op haar boeken. Ik denk niet dat we het snel eens zullen worden over de grote maatschappelijke vraagstukken, ik vermoed dat zij mijn opvattingen als politiek correct zou typeren.'

Na een tumultueuze relatie met veel ups and downs trouwt Heleen uiteindelijk toch met haar Bill. Vriendin Cynthia was bij de bruiloft. 'Ze zouden al een keer trouwen, Heleen had daarvoor een witte jurk gekocht, maar haar aanstaande blies het huwelijk op het laatste moment af. Toen ze later toch gingen trouwen, stond Heleen in een pikzwarte avondjurk op hem te wachten. Zijn verbijsterde gezicht vergeet ik nooit meer. "Ik dacht dat je in het rood zou trouwen," stamelde de arme man. Dat het huwelijk na een jaar stukliep, kwam voor mij niet als een verrassing.'

bij het *Haarlems Dagblad,* ontmoet Heleen Bill Meyer. Hij is luchtvaartverslaggever en elf jaar ouder dan zij. Ze krijgen een relatie, die zes jaar zal duren.

Vera Keur was Heleen's mentor op de SvdJ. 'Ik herinner me Heleen als een vrolijke studente. Ze kwam regelmatig met veel lawaai, een *big smile* en bijna altijd vergezeld door haar vriendin Cynthia Panhuis mijn werkkamer binnenzeilen, die ik met acht andere docenten deelde. Dan volgde er een op luide toon en met enigszins hees stemgeluid verteld verhaal, dat over van alles kon gaan: een door haar geschreven verhaal, een docent die niet deugde, de stage bij het *Haarlems Dagblad*, haar liefde van dat moment, enzovoort. Bill was koning, keizer én admiraal, Heleen dweepte met hem tot ze een ons woog. Het was hartverwarmend zoals ze van deze

Na haar studie werkt Heleen bij het *Haarlems Dagblad*, later als verslaggever bij Radio Noord-Holland. Ze is getrouwd met Bill, woont in Heemstede en werkt in Haarlem. Als in 1991 de Golfoorlog uitbreekt, vormt Radio Noord-Holland een speciale Golf-redactie om vanuit Haarlem de oorlog te verslaan. Ton van Royen, werkzaam als verslaggever/presentator bij de redactie Amsterdam van Radio

Noord-Holland, reist elke dag naar Haarlem om de uitzendingen te coördineren en te presenteren. Daar ontmoet hij Heleen.

Elly Welgraven werkte destijds ook bij Radio Noord-Holland. 'Dat Heleen deel uitmaakte van de Golf-redactie vonden sommige collega's op zijn zachtst gezegd opmerkelijk. **"HELEEN, DIE WEET NOG NIET EENS WAAR KOEWEIT LIGT!"** Misschien wist ze het ook echt niet, maar als Heleen zich ergens in vastbijt... Ze werd de beste tekstschrijver! En dat dus onder supervisie van Ton, hij leidde de redactie.'

Heleen en Ton worden hopeloos verliefd. Heleen verlaat haar echtgenoot in Heemstede en keert terug naar Amsterdam, waar ze tijdelijk onderdak vindt in de Jordaan. Ton woont op dat moment nog in een kraakpand. Heleen: 'Ik heb mijn eerste echtgenoot niet verlaten voor Ton. Het ging gewoon niet meer tussen ons, we hadden alles geprobeerd, tot therapie aan toe. Hoe het met Ton zou aflopen, wist ik niet, wel wist ik dat het met Bill niet meer zou goedkomen. Daarom ben ik vertrokken. We hadden gelukkig geen kinderen, wel een Jack Russel terrier, die ik nadien erg miste.'

Met Ton gaat alles heel snel. Heleen vindt een woning in de Amsterdamse Wilhelminastraat en Ton trekt bij haar in. Later verhuizen ze naar de Rivierenbuurt. In juni 1992 trouwen Ton en Heleen, in november wordt hun eerste kind geboren, Olivia. Niet lang daarna krijgt Heleen voor het eerst psychische problemen. Een tijdelijke opname volgt.

Elly Welgraven: 'We waren tegelijk zwanger van

onze eerste kinderen. Werden we collega-moeders. Een heel bijzondere tijd, waarin we samen met vallen en opstaan ontdekten wat het betekent om moeder te zijn. Voorafgaand aan de periode dat het misging en ze zich afsloot, hadden we dagelijks contact. We beïnvloedden elkaar erg. Ik de overbezorgde moederkloek en Heleen een stuk makkelijker. Viel er een speen bij Heleen op de grond, werd deze hup even onder de kraan gehouden en weer in Olivia d'r mondje gestopt. Ik kookte alle spenen elke avond uit, dat deed zij allang niet meer. Olivia huilde een periode veel. Heleen aan de telefoon: ze had het nu helemaal gevonden. In de Maxi-Cosi op de centrifugerende wasmachine werkte heel goed.'

Halverwege 1993 krijgt Heleen een verzoek van haar vriendin Cynthia Panhuis, inmiddels chef bij *Yes*. Of Heleen korte, romantische verhalen voor het meidenblad wil schrijven, Cynthia weet zeker dat ze dat kan. Na jaren radiowerk pakt Heleen de pen weer op. Haar verhalen slaan aan en algauw krijgt ze meer opdrachten van *Yes* en ook van andere vrouwenbladen. Ze doet interviews en schrijft artikelen over relaties, seks en erotiek op een vrolijke toon en in een herkenbare, eigen stijl.

1995-2005

In 1995 neemt Heleen ontslag bij Radio Noord-Holland en vestigt ze zich als freelance journalist met een kantoor aan huis. Als ze net in verwachting is van haar tweede kind, krijgt ze een vaste column bij het blad *Groter Groeien*. Negen maanden later, 31 augustus 1996, wordt Sam geboren, een gezonde jongen van acht pond. De familie Van Royen woont inmiddels in een doorzonwoning in Amstelveen.

Hoofdredacteur Yolande de Best-Meijer van *Groter Groeien*: 'Haar columns waren in zekere zin stout te noemen. **ZO SCHREEF ZE RUSTIG DAT ZE COLA LIGHT IN DE DRINKBEKER MEE NAAR SCHOOL GAF ALS DE MELK OP WAS IN HUIZE VAN ROYEN.** Of dat ze lekker ging uitslapen en de baby in de Maxi-Cosi voor de televisie zette. Een keer vergeleek ze Sinterklaas met God. We kregen geregeld opzeggingen binnen vanwege haar columns, tot vijf per maand vond ik toelaatbaar.'

Toen hun werkrelatie voorbij was, werden Yolande en Heleen vriendinnen. Echt stout heeft Yolande haar nooit gevonden. 'Dat vind ik nog steeds niet. **HELEEN ZEGT WAT ANDEREN DOEN EN DENKEN, MAAR VERZWIJGEN. HYPOCRIET VIND IK HET DAT MENSEN ZO OVER HAAR UITLATINGEN VALLEN.** Pak dat recente onderzoek erbij van de *Libelle*, een op de vijf vrouwen gaat vreemd. Heleen is een trouwe vriendin. In haar kern is ze niet stout, maar een lieve, aardige en sociale vrouw.'

Eind jaren negentig vatte Heleen het plan op een boek te schrijven. Cynthia Panhuis: 'We zaten we bij mij thuis op de bank en zagen de Surinaamse schrijver Clark Accord op tv vertellen over zijn nieuwe boek. "Dat wil ik ook, maar dan groter," zegt Heleen doodleuk naast me. "Ik heb me er al helemaal in verdiept hoe het moet, je moet vijftig tot honderd pagina's schrijven, nooit een heel manuscript en dat dan bij een goeie uitgever brengen. Iemand die weet hoe dat moet." Zo geschiedde.

Dat Heleen het zo ver zou schoppen, had ik wel verwacht. Ze stak met kop en schouders boven de rest uit, met haar mening en inzichten. Ze komt uit een heel gewoon, Amsterdams, niet rijk gezin. Als een kameleon kan ze met iedereen opschieten. Ze heeft niets met status of invloed of rijkdom.'

Na het uitkomen van *De gelukkige huisvrouw* nam de carrière van Heleen een vlucht. Elly Welgraven: 'Dat ze goed kon schrijven en over een enorme drive beschikte, wist ik allang. Ze heeft het ook echt gedaan. Het risico durven nemen. Er een jaar voor uittrekken en thuis zitten werken aan een boek. Toen ik de eerste proef in een adem uitgelezen had, wist ik dat het een succes zou worden. Voor het eerst begreep ik pas echt hoe het moet zijn geweest om een psychose te hebben. Zo raak en aangrijpend was dat in *De gelukkige huisvrouw* beschreven.'

Heleen's moeder herinnert zich nog dat Heleen rond haar veertiende een manuscript voor een kinderboek heeft geschreven. Op een typemachine. 'Ze ging met een vriendin naar de Jaap Edenbaan en gaf haar een dik pak papier, ze mocht het als eerste te lezen. Die vriendin was het na een dag alweer kwijtgeraakt, verschrikkelijk vond Heleen dat, ze had geen kopie.'
Ze heeft haar dochter alle ruimte gegeven om te ontdekken wat ze wilde. 'Ik gun haar het succes van harte, maar heb niet de behoefte daarbij aanwezig te zijn. Om te kijk te zitten als de vrouw van de man die zelfmoord pleegde. Ik vind het leuk voor haar, prachtig. Zij heeft dat zelf gedaan. Ik heb dat kind gebaard en kansen gegeven en zij zelf heeft dit bereikt. Ik heb haar vrijgelaten, ga je gang, ontdek. Daarvoor ben ik niet trots op mezelf, ik vind het leuk voor haar.'

De gelukkige huisvrouw wordt door Nederlandse recensenten gekraakt, maar in toonaangevende buitenlandse bladen als *The Times*, *Le Monde* en *Der Spiegel* geprezen. Het wordt genomineerd voor de International IMPAC Dublin Literary Award.
De familie Van Royen verhuist naar een vrijstaande villa in Almere Haven. Heleen stopt met haar columns voor *Groter Groeien* en krijgt vanaf maart 2002 een vaste, wekelijkse column in *Het Parool*.
In mei 2003 verschijnt haar tweede roman, *Godin van de jacht*, die vrijwel direct op de eerste plaats van de bestsellerlijst belandt. Het wordt de best verkochte Nederlandse roman van dat jaar.
Als Heleen begin 2004 een column publiceert over de Amsterdamse wethouder Rob Oudkerk, ontstaat enige oproering rondom haar persoon.

2005-2006

In 2005 koopt de familie Van Royen een tweede huis in Portugal. De omgeving, de rust en het klimaat bevallen zo goed dat de kinderen en Heleen zich er vanaf de zomer van 2005 permanent vestigen, echtgenoot Ton pendelt op en neer.

In februari 2006 verschijnt *De ontsnapping*, de hattrick van Van Royen. Op het jaarlijkse boekenbal is ze inmiddels vast onderdeel van de versiering, die na afloop van het feest naar buiten wordt gedragen.

De man die haar talent in 1999 ontdekte is Oscar van Gelderen. Ondanks verwoede wederzijdse pogingen om van elkaar af te komen, is hij anno 2006 nog altijd haar uitgever en de vrees is gegrond dat hij dat altijd zal blijven. 'De eerste hoofdstukken die ik van *De gelukkige huisvrouw* las – toen nog alleen over de zelfmoord van haar vader – vond ik heel apart. Het was eigenlijk een grote scheldkanonnade, niet wat je zou verwachten. Ik had wel het idee dat het iets heel bijzonders kon worden.'

Hij noemt zijn auteur *fair, straight* en grappig. **'IK VOND EN VIND HAAR OOK HEEL PROFESSIONEEL, OP ALLE VLAKKEN.'**

Hij gelooft in mij, zou Hazes zeggen. 'Ik merk dat er steeds meer waardering ontstaat voor de wijze waarop ze zware taboes op een lichte wijze voor het voetlicht kan brengen. Bij onze eerste ontmoeting was ze tamelijk bleu. Ze is de afgelopen jaren op de schaal van Stout van 3 naar 10 gestegen.'

STOUTE *moeders,* **LIEVE** *dochters*

ZILVER, ACHT JAAR, DOCHTER VAN MARLIES

'Het stoutste wat ik heb gedaan, is zelf mijn haar afknippen en in de gordijnen knippen. Ik heb ook een keer een heel vies woord gezegd. Mama riep: "Zilver! Ga je mond spoelen met zeep." Toen ben ik naar de badkamer gegaan en heb ik een stukje zeep opgegeten, daar werd ik heel misselijk van. Mama zei pas later dat het een gezegde was, dat ik het niet echt had hoeven doen. Mijn moeder ontwerpt beha's. Die zitten lekker, dat heeft mijn vader me verteld. **VROEGER WAS MIJN MAMA LESBI, NU NIET MEER.** Ze heeft me foto's laten zien van een vrouw die haar vriendin was. Ik vind het gek dat ze lesbi was. Ik weet wel wat het is, het is dat je meisjes leuk vindt. Je kunt ook meisjes en jongens leuk vinden, dan ben je biseksueel. Mijn nanny is dat. Ik weet ook wat homo is. Twee jongetjes uit mijn klas stonden een keer met elkaar te praten, ze werden geduwd, hun lippen kwamen tegen elkaar en toen riep iedereen: "Homo!"
ALS MAMA NAAR EEN FEESTJE GAAT, KIJK IK SNEL EVEN OF ZE WEL EEN ONDERBROEK AAN HEEFT. Soms heeft ze dat niet, dat kan ik zien, als ze een doorzichtig rokje aan heeft. Dan zeg ik: "Je doet nú een onderbroek aan, anders ontplof ik!" Het lijkt me iets te sexy om zonder onderbroek naar buiten te lopen. Als haar borsten te hoog zitten, stop ik ze ook terug. Een keer viel haar borst bijna uit haar beha. Dat vind ik niet netjes. Sexy is ondeugend en stout. Mama is heel ondeugend, dat dénk ik niet, dat weet ik gewoon zeker. Als ze tv kijkt, gaat ze altijd zappen tot ze iets ondeugends of romantisch tegenkomt.
Mama draagt vaak korte rokjes en hele hoge hakken. Ik vind het knap dat ze daarop kan lopen, sommige zijn wel een halve meter hoog. Een keer liep mijn moeder met zo'n rokje over straat en knalde een man tegen een lantaarnpaal omdat hij naar haar keek. Dat was heel grappig, mama zei: "Zo, gaat-ie lekker?"
Mama moet voor haar werk vaak weg, ook naar het buitenland, dat is niet leuk. Ik vind dat ze soms te weinig moeder is en dat ze er vaker moet zijn. We hebben nu afgesproken dat woensdag altijd moederdag is. Dan moet ze me eten geven, me onder de douche stoppen en naar bed brengen. Als ze zich daar niet aan houdt, word ik boos. **ALS IK BOOS BEN ZOU IK WILLEN DAT ALLES**

VAN PAPIER IS, DAN KAN IK ALLES VERFROMMELEN WAT IK NIET LEUK VIND. Wat ik later wil worden, weet ik nog niet. Misschien wil ik optreden in een theater. Ik wil moeder worden van één kind. Ik weet nog niet of ik ga trouwen. In Amerika kun je naakt trouwen, dat was laatst op het *Jeugdjournaal*, dat ga ik in ieder geval nóóit doen. Als mijn beste vriendin naakt zou trouwen en iedereen moest naakt, dan zou ik niet komen, ook al was ze mijn beste vriendin. Ik vind dat vies, ik schaam me dan een beetje, het is niet fris om anderen bloot te zien, behalve mama en papa.

HEEL VEEL JONGENS UIT MIJN KLAS ZIJN VERLIEFD OP MIJ, MAAR IK NIET OP HUN. Die zitten met me te flirten of ze plagen me of ze zitten achter mijn bil aan, ja, dat doen ze. Mijn eerste vriendje was D. Toen ik mijn been had gebroken, was hij heel lief voor me. We hebben nooit gezoend, dat wilde ik niet, want anders zou het oorlog worden in de klas. Alle meiden waren op hem en alle jongens waren op mij, dan kan ik toch niet met hem gaan zoenen?! Het ging uit met D omdat hij niet meer aardig tegen me deed. Ik ben nu op I. Die is ook op mij, natuurlijk, dat was hij al toen ik nog met D was.'

OLIVIA, VEERTIEN JAAR, DOCHTER VAN HELEEN

'Het stoutste wat ik heb gedaan, is de vloer insmeren met potjes crème van mijn moeder, ik was toen een kleuter.

Mijn moeder is schrijfster en journalist. Ze schrijft boeken en columns. In haar eerste boek zit onze familiegeschiedenis een beetje verborgen. Het heet ***De gelukkige huisvrouw*** en het gaat over een vrouw die een kind krijgt en daarna een psychose. Mijn moeder heeft dat gehad, maar dat weet ik niet meer, want ik was nog een baby.

De vrouw uit ***Godin van de jacht*** jaagt op mannen. ***De ontsnapping*** gaat over een vrouw die haar leven saai vindt en wil ontsnappen.

De ontsnapping heb ik gelezen. Ik vond het een spannend boek, een goed onderwerp en leuk opgeschreven, maar er zijn ook dingen die ik heb overgeslagen, omdat ik die niet in detail wilde lezen. Het einde was hard. Voor de andere twee boeken vond mijn moeder me nog te klein.

Een stoute vrouw doet ondeugende dingen, zoals mannen verleiden. En ze heeft minnaars. Dat hoeft niet, maar het kan. Dat mijn moeder dit boek aan het maken is, vind ik een beetje ondeugend, maar toch goed, want dan is het niet meer zo'n taboe.

Mijn moeder is soms wel stout. Als ze uitgaat, anders niet. Dan trekt ze sexy kleding aan, daar houdt ze van. Leuke rokjes en een laag decolleté, en dan zie je de beha die ze draagt, meestal eentje van jou, Marlies. Als andere mannen mama leuk vinden, is dat goed, want dat betekent dat ze leuk en aardig is. Zolang ze maar niet met ze gaat daten en bij mijn vader blijft, vind ik het prima.

Thuis draagt ze vaker een joggingbroek en losse kleding. Dan is ze meer moeder, meer van ons. Er zijn eigenlijk twee Heleens: mijn moeder en de bn'er.

IN HET BEGIN HAD IK ER MOEITE MEE DAT ZE IN DE PLAYBOY GING. DAARNA DACHT IK: HET IS HAAR EIGEN KEUS, ZE MOET HET ZELF WETEN, je kan er ook respect voor hebben. Ik heb er op school geen last van gehad. Ik zit in *year 9* van de internationale school in de Algarve. Een meisje uit Almere dat ik nog van vroeger kende, ging me er op MSN over dissen, maar die heb ik keihard teruggedist. Dat vond ik eigenlijk wel grappig.

Nee, ik heb de foto's nog niet gezien, dat doe ik misschien als ik vijftig ben. Ik wil mijn moeder niet naakt zien poseren. Ik zie haar geregeld zonder kle-

ren, maar daar kies ik niet voor. **SOMS SPRINGT ZE IN HAAR BLOOTJE IN ONS ZWEMBAD, DAN LOOP IK WEG.** Ik vind het niet fris, ook al komt ze net onder de douche vandaan. Ik zou liever willen dat ze altijd haar kleren aan had.
Na mijn studie wil ik hotelmanager worden. Een hotel is leuk, je leert steeds nieuwe mensen kennen, dat lijkt me beter dan een saai kantoor. En ik houd ervan om dingen te managen, dat kan ik goed.
Tot nu toe heb ik vijf vriendjes gehad. De eerste was eigenlijk nep, dat was het zoontje van een vriendin van mijn moeder, ik was vijf en hij vier. Hij had me verkering gevraagd en ik had maar ja gezegd. Na een paar jaar vond ik het genoeg, ik heb opgebeld om hem dat te vertellen.
Op de lagere school in Almere heb ik één keer achttien uur verkering gehad en nog twee keer een paar weken, ik heb de tijd niet precies bijgehouden en ik ga geen namen noemen. Pas geleden heb ik iets gehad met een jongen van mijn school. Die is half Portugees, half Engels. Hij was gedumpt door mijn beste vriendin. Daarna ging hij met mij. Na een paar weken dumpte hij mij soort van voor een ander meisje. We hebben toen samen besloten dat het beter was om vrienden te blijven. Dat andere meisje heeft hem intussen

alweer gedumpt. Volgens mijn moeder wordt die jongen vaker gedumpt dan een vuilnisbak.

Ik geloof niet dat ik al eens echt verliefd ben geweest. Dat ik verkering had, was omdat ik het leuk vond om verkering te hebben, omdat andere meisjes dat ook allemaal hebben. Mijn moeder zegt dat als je echt verliefd bent, je het dan wel zeker weet, dat je je dan heel anders voelt dan anders.

Zoenen doe ik niet, alleen op de wang. Ik wacht tot ik echt een leuke jongen ontmoet. De meisjes uit mijn klas doen het wel, echt zoenen. Verder gaan ze niet, hallo zeg, wie denk je wel dat we zijn? We zijn pas dertien, ik ben net veertien.

Ik wil later vier kinderen, het lijkt me gezellig, een groot gezin. Twee jongens en een tweeling van meisjes. Als er geen tweeling tussenzit, ga ik gewoon door tot vier. Dan wil ik meisje, jongen, jongen, meisje. Hoe ik dat dan met mijn hotel ga doen, heb ik nog niet helemaal uitgevogeld, daar loop ik weleens over na te denken, het zijn moeilijke keuzes.

JA, IK WIL WEL EEN MAN, HOE KRIJG JE ANDERS KINDEREN? NAAR DE SPERMABANK... O GOD, EN DAT ZIE JE MIJ ECHT DOEN, MAM? Dan ben ik hotelmanager, alleenstaande moeder van vier kinderen van verschillende mannen, die kant gaan we niet op, ander onderwerp graag.

Nee, ik ben niet lesbisch, dat weet ik zeker, omdat ik niet op vrouwen val. Ben je nou klaar? Ik wil niet meer praten, omdat jij allemaal vage vragen stelt, waarvan ik denk dat het antwoord niemand interesseert. En ik heb het niet graag over emoties, dat staat ook in mijn horoscoop. Ik weet niet waarom, het zit niet in me. Ja, ik weet dat ik je alles kan vertellen, dat heb je me al honderd keer gezegd.

Ja, het is goed dat mannen en vrouwen gelijk worden behandeld. Dat mijn moeder werkt is voor mij normaal. Ik ben niet anders gewend, wat moet ik ervan zeggen? Vrouwen moeten het zelf weten, maar ik kan me niet voorstellen dat ik later thuis ga zitten en voor de kinderen ga zorgen, dat lijkt me saai. Het lijkt me voor jou ook saai als je niet werkt, want dan heb je niks te doen als wij op school zitten, behalve het huis schoonmaken. **HOE IK HET VIND ALS JIJ VOOR JE WERK NAAR HET BUITENLAND MOET? DAT IS LEKKER RUSTIG. NEE, DAT VIND IK NIET ECHT, MAM, MAAR HET IS WEL EEN LEUKE QUOTE.'**

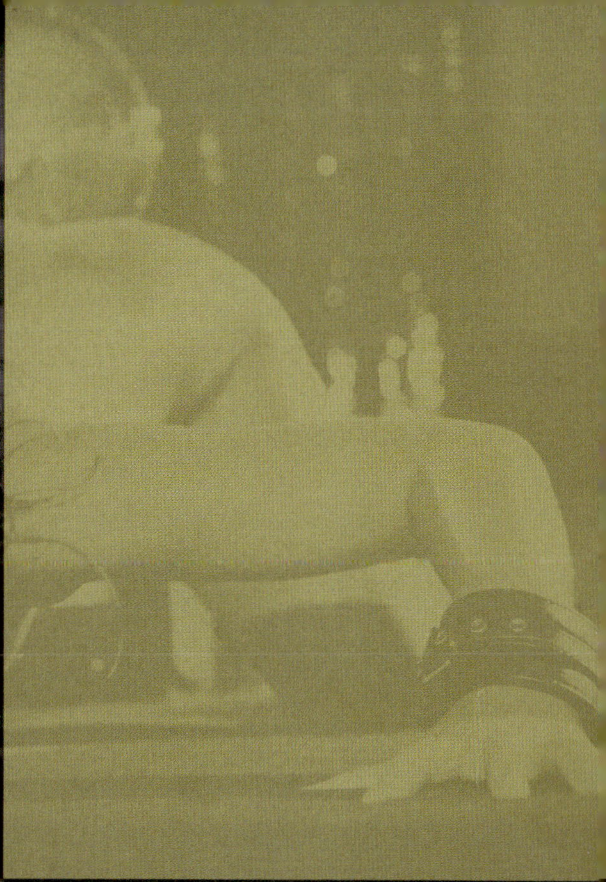

ZO STOUT BEN JIJ

'IK HOUD VAN SEKS, MANNEN EN VOORAL MIJN VIJF KINDEREN. Ik houd van reizen met bijna niets mee naar spannende landen als Cuba en Thailand, maar ook op de fiets samen met mijn moeder naar Frankrijk, met de rosbief tussen mijn benen als gevolg. Ik houd beslist niet van truttig of afhankelijk, maar zit ondertussen wel tot mijn nek in de hypotheek en heb vijf kinderen die naar school moeten. Ik ben al zeventien jaar getrouwd met Jacob en heb nog nooit de koffer met een ander gedeeld, maar er natuurlijk wel over gedroomd. Je krijgt vast veel spannendere mailtjes met woeste verhalen, maar wees er zeker van, soms tolt mijn hoofd van al het gedoe, geen dag van mijn leven is saai.'

'OP EEN WARME HERFSTDAG besloot ik eindelijk eens een bezoek te brengen aan het Tropenmuseum. Ik was niet de enige, er zwierven complete schoolklassen door het gebouw, die erg veel herrie maakten. Dromend over stille, verre oorden slenterde ik door het museum. Bij een expositie over Mauritius met foto's van exotische vrouwen bleef ik staan. Ineens hoorde ik een zachte zucht naast me. Ik keek opzij en zag een vrouw in een zwarte jurk, ze had een prachtig lichaam met stevige borsten, ik kon haar tepels zien. Zij draaide haar hoofd naar me toe: "Geniet jij ook zo van de foto's?"
Ik werd een beetje verlegen, maar mijn ondeugende gedachten wonnen en ik zei dat ik ook erg van haar aanblik genoot, in dat mooie zwarte jurkje.

Met een knipoog vroeg ze of ik wist waar de toiletten waren. Ik wist het niet, maar besloot haar te helpen zoeken.
Zwijgend liepen we door het museum. Aangekomen in de lege toiletruimte duwde ze mij tegen een muur en gebood me met een stoute lach haar lichaam te betasten. Ze voelde strak, rond en stevig aan. Mijn handen gleden van haar borsten langs haar middel over haar heupen naar beneden. Ze kuste me vol op mijn mond, toen ik haar proefde werd ik wild en trok ik haar mee een toilet in. Ik stroopte haar zwarte jurkje omhoog en ontdekte een vuurrode lingerieset. Daar, in het Tropenmuseum, hebben we elkaar heerlijk bemind. Intussen werden de toiletten naast ons gebruikt door luidruchtige schoolmeisjes.'

Twee STOUTE VROUWEN *en een* HOTELKAMER

HET BEGON IN JUNI IN HOTEL DU LOUVRE IN PARIJS, HET EINDIGDE IN DECEMBER IN HOTEL DE L'EUROPE IN AMSTERDAM. DAARTUSSENDOOR VEEL E-MAILS, SMS'JES EN LANGE TELEFOONGESPREKKEN.

KAMER 211, HÔTEL DU LOUVRE, PARIJS, 8 JUNI, 00:45 UUR

MARLIES: 'Welterusten, prinses.'

HELEEN: 'Maar Marlies, we zouden toch nog een man scoren?'

AAN HET ZWEMBAD VAN HELEEN'S HUIS IN PORTUGAL, 5 AUGUSTUS

MARLIES: 'Schiet *Stout* al een beetje op?'

HELEEN: 'Mm.'

MARLIES: 'Je moet wel doorschrijven, hè? Er is een deadline...'

HELEEN: 'Soms denk ik: nog één boek en dan stop ik ermee. Ik verlang naar rust. Naar niks meer hoeven. Het lijkt me zo fijn om die druk niet meer te voelen. En dan lekker hier een pension beginnen voor zwerfhonden.'

MARLIES: 'Gaat het wel goed met je?'

HELEEN: 'Ik moet mijn psych maar weer eens bellen.'

BIJ MARLIES THUIS, ROTTERDAM, 13 SEPTEMBER, 14:15 UUR

HELEEN: 'Dag Yolanthe! Tot ziens. Dank je wel voor je medewerking.'

De deur slaat dicht.

MARLIES: Wat een geweldige vrouw. Ik geloof dat ik verliefd ben.'

HELEEN: 'Dat zei je bij Fatima ook al. En bij Anita, Renate, Claudia, Chazia, dat zeg je elke keer.'

MARLIES: 'Ik kan het niet helpen. Ze zijn zo bijzonder, al die vrouwen.'

HELEEN (VERBOLGEN): 'Je hebt niet eens van mijn cola light gedronken.'

MARLIES: 'Wat?'

HELEEN: 'Je neemt altijd een slokje van mijn cola. Dit keer niet. Zo gebiologeerd was je door die Yolanthe.'

MARLIES: 'Ben je jaloers?'

HELEEN: 'Ik ben helemaal niet jaloers. Het viel me gewoon op.'

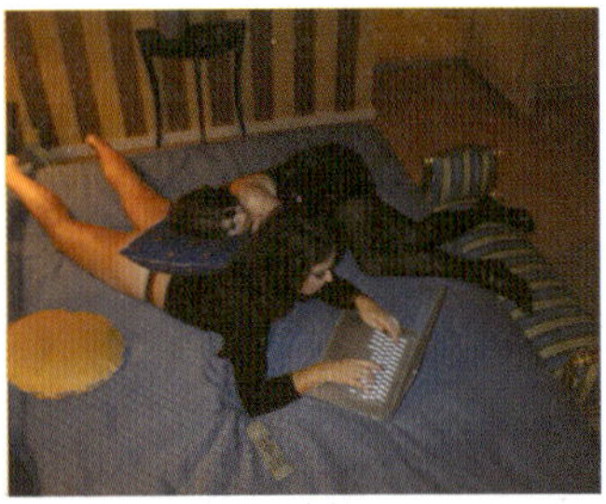

HILTON HOTEL, AMSTERDAM, 10 OKTOBER

MARLIES: 'Dag Willeke! Tot ziens. Dank je wel voor je medewerking.'

Willeke vertrekt door de draaideur.

HELEEN: 'Hè hè, dat was bijna de laatste. Nu alleen Sylvana nog.'

MARLIES: 'Geweldige vrouw, die Willeke. Ik geloof dat ik verliefd ben. Weet je dat ze voor me heeft gezongen? Jij was even weg, toen deed ze dat. Ik had

haar verteld over mijn scheiding. Spoel het bandje even terug, dan kan je het horen.'

HELEEN: 'Het is geen bandje, het is een voicerecorder. Die neemt alles digitaal op. Een klein wonder van techniek is het.'

Marlies gaapt.

HELEEN: 'Dit is vreemd.'

MARLIES: 'Wat?'

HELEEN: 'Ik hoor niks.'

MARLIES: 'Hoezo?'

HELEEN (PANIEKERIG): 'Dit kan toch niet waar zijn...'

MARLIES: 'Heeft mevrouw het technische wonder gefaald?'

HELEEN: 'Er staat niks op. Helemaal niks. Dit is een nachtmerrie.'

SMS VAN HELEEN AAN MARLIES, 29 NOVEMBER

'Knallende herrie met Ton. Hij is het huishouden helemaal zat.'

IN DE WONING VAN MARLIES, ROTTERDAM, 14 DECEMBER, 23:50 UUR

MARLIES: 'Ik ben de afgelopen week in Hong Kong, Las Vegas en New York geweest, ik heb een driedubbele jetlag en kan al nachten niet slapen. Komen jullie met kerst bij me eten?'

RON BELT MARLIES VANUIT ZIJN STUDIO IN DELFT, 15 DECEMBER, 23:40 UUR

'We zijn lekker bezig met de fantasieën. De ijsblokjes en de aardbeien hebben we al gehad, we beginnen zo met het scheren. Waarmee we nu bezig zijn? Es even kijken, o, Clarissa likt een neger. Ja, eigenlijk doet ze de visagie, maar we kwamen een model tekort, dus moest ze even tussendoor een neger likken. Nee hoor, dat vond ze niet erg.'

MARLIES EN HELEEN (VERONTRUST) BIJ DE VOORSTELLING *GOUD* VAN WILLEKE, STADSSCHOUWBURG AMSTELVEEN, 23 DECEMBER, 22:15 UUR

'Hoe komt het eigenlijk dat wij al haar nummers kunnen meezingen?'

TELEFOONTJE VAN JOYCE, DE LEGENDARISCHE PERSONAL ASSISTANT VAN MARLIES, DIE ZO PERSONAL IS DAT ZE MEER WEET VAN MARLIES DAN MARLIES ZELF, 21 DECEMBER

JOYCE: 'Heleen, Marlies vraagt zich af of jouw kinderen kip lusten. Dit vanwege jullie kerstdiner.'

IN MARLIES' HUIS, ROTTERDAM, KERSTAVOND

MARLIES: 'Wat denk je? Onze werkster had al wat vooruit gekookt, maar die had de koelkast open laten staan. Al het eten was bedorven. Ik moest zelf op jacht naar truffels. Ik heb Herman den Blijker gebeld en ze waren alleen nog te krijgen in Amsterdam.'

M EN H AAN DE TELEFOON, 24 NOVEMBER

M: 'Ron is als een beest aan het fotograferen. Heb je al wat gezien? Het wordt waanzinnig. Hij is helemaal into *Stout*, hij droomt er zelfs van. Hij heeft zijn vrouw instructies gegeven om hem *in the mood* te houden.

Zijn visagiste is er ook door aangestoken. Zij heeft de stoute fantasieën gelezen en is helemaal gefascineerd door dat verhaal van die vrouw die haar slipje uittrok en in het café aan haar date gaf. Wil ze ook gaan doen.'

H: 'Ron is een held. We moeten eigenlijk als beloning een keer samen met hem naar bed, vind je niet?'

AMSTERDAM, HOTEL DE L'EUROPE, KAMER 102, 27 DECEMBER, 17:00 UUR

FOTOGRAAF RON: 'Deze suite is de komende vierentwintig uur voor ons. Champagne, cocktails, oesters, alles mag, alles kan, ik wil dat jullie helemaal los gaan. De uitgeverij betaalt.'

RON TEGEN ROOMSERVICE, HOTEL DE L'EUROPE, KAMER 102, 27 DECEMBER, 17:45 UUR

'Mevrouw Dekkers en mevrouw Van Royen zijn niet zo blij met de cocktails. Er zat geen zoutrandje op het glazen, kunt u nieuwe naar boven sturen?'

RON TEGEN ROOMSERVICE, 18:00 UUR

'Mevrouw Dekkers en mevrouw Van Royen hebben het koud. We krijgen de verwarming niet hoger. Kunt u een technicus naar boven sturen?'

RON TEGEN ROOMSERVICE, 18:15 UUR

'Mevrouw Dekkers en mevrouw Van Royen willen graag nog een cocktail. Met zoutrandje, ja.'

RON TEGEN ROOMSERVICE, 19:10 UUR

'Mevrouw Dekkers en mevrouw Van Royen hebben een lang, zwart koord nodig van minstens vier meter lang. Kunt u dat even brengen?'

RON TEGEN ROOMSERVICE, 20:15 UUR

'Twee dozijn oesters voor mevrouw Dekkers en mevrouw Van Royen. Noteert u dat ook maar alvast voor het ontbijt.'

RON TEGEN MARLIES EN HELEEN, 21:00 UUR

'Roomservice neemt niet meer op als ik bel. Ik ga het via een buitenlijn proberen.'

MARLIES (ONTHUTST)

TEGEN HELEEN IN NJOY!, 02:45 UUR

'Wat doe je dominant! Zo ken ik je niet.'

MARLIES TEGEN HELEEN,

AMSTERDAM, RESTAURANT DE NACHTWACHT, REMBRANDTPLEIN, 00:45

'Ik heb ineens zo'n zin om je tepel te likken.'

We willen de stoute vrouw in

JOU WAKKER

KUSSEN.

MISSCHIEN IS HET GELUKT.

Slaap er gerust een nachtje over

EN WEET

ALS JE STOUT BENT,

BEN JE NOOIT ALLEEN.

X

Marlies & Heleen

STOUT

WERD

mede mogelijk

GEMAAKT

door...

JOYCE VAN EIJK
DIANA GVOZDEN
ONNO VAN TILBURG
MARRIT DE WEIJER
MARTIJN GRIFFIOEN
PETER DE LANGE
OSCAR VAN GELDEREN
SANDRA PIERS
ROEL VAN DIEPEN
DAVY VAN DER ELSKEN
GERRITJAN DEUNK
JAN HEEMSKERK
PATRICK VAN DAM
HEIN DE KORT
PROF. DR. SASKIA KEUZENKAMP
PETER WAGENAAR
MEIKE BECKERS
MARJO WOLTERS
ASTRID SCHURINGA
MONIQUE VAN ETTEN-MATHON
MARGREET KROON-BREED
INGE GLOTZBACH-VAN DER KORT
DIMITRI ASCIUTTO
HANS VAN RIJSWIJK
CILIA SLOT
RIK BLEEKER
VERA KEUR
CYNTHIA PANHUIS
ELLY WELGRAVEN
TON VAN ROYEN
YOLANDE DE BEST-MEIJER
ANNIE DEKKERS
YVO DEKKERS
ANJA DEKKERS
CHRISTIAAN VAN VUGT

WIM EWALS
MIEKE VAN DER LINDEN
MIRANDA MARTINEZ
NEELIE KROES
WIM PIJBES
SERGE-HENRI VALCKE
ARNO DE JONG
ALBERTINE
BELLA
LOLA BROOD
CISKO PETERS
CONNY
BAS VERNIMMEN
RONNY VAN DE VEN
MICHAEL SLEMMER
AEGID TONNAER
JACQUELINE GRATZ
BAS DE JONG
ESGO KUIPER
CHRIS BUCHENER
MIKE STARINK
JEROEN KAMPHORST
MA EN PA TETTEROO
ZIGGY
ARJAN MAK

GARE DU NORD
FRANS JANSEN, FOTOGRAAF
CARIN VERBRUGGEN, FOTOGRAAF

KLEDING:
AUBADE
WOLFORD
AFTER EDEN
CHICK ON A MISSION

EMPHASIS
ICOON
BANDOLERA
RA-RE
AB/SOUL
GROVEN
RAAK
BEVERLY BEETHOVEN
DEDE'S
ROCK AND DRESS
LA DRESS
WEBERS HOLLAND
LEESER
FOR LOVE AND LIBERTY
JACK AND JONES
MARLIES DEKKERS

SIERADEN:
RENE BOUTIQUE
DYRBERG / KERN
RA-RE

SCHOENEN:
PAUL WARMER
TAFT
CHICK ON A MISSION

SALON DE LA LINGERIE
COCKTAILCLUB NJOY
HOTEL DE L'EUROPE
HOTEL AMBASSADE
CAFE BRIX